A fé *nos* NEGÓCIOS

Dave Anderson

A fé *nos* NEGÓCIOS

PRINCÍPIOS BÍBLICOS PARA SE TORNAR UM GRANDE LÍDER E INSPIRAR SEUS SEGUIDORES

SEXTANTE

tradução: Marcello Lino

preparo de originais: Cristiane Pacanowski

revisão: Gypsi Canetti, José Tedin e Milena Vargas

projeto gráfico e diagramação: DTPhoenix Editorial

capa: Miriam Lerner

imagem de capa: Андрей Снегирев / iStockphoto

impressão e acabamento: Yangraf Gráfica e Editora Ltda.

CIP-BRASIL. CATALOGAÇÃO-NA-FONTE
SINDICATO NACIONAL DOS EDITORES DE LIVROS, RJ

A561f

Anderson, Dave, 1961-
A fé nos negócios / Dave Anderson [tradução de Marcello Lino]; Rio de Janeiro: Sextante, 2012.
192p.; 14x21 cm

Tradução de: How to run your business by the book
ISBN 978-85-7542-798-9

1. Administração - Aspectos religiosos - Cristianismo. 2. Negócios - Aspectos religiosos - Cristianismo. I. Título.

12-2882 CDD: 658
CDU: 658

GMT Editores Ltda.
Rua Voluntários da Pátria, 45 – Gr. 1.404 – Botafogo
22270-000 – Rio de Janeiro – RJ
Tel.: (21) 2538-4100 – Fax: (21) 2286-9244
E-mail: atendimento@esextante.com.br
www.sextante.com.br

Sumário

Prólogo

Conheci Dave Anderson em Atlanta, em 1998, na primeira reunião de fundadores da minha organização sem fins lucrativos, a Equip, que tem a missão de treinar e desenvolver milhões de líderes devotos em todo o mundo. Foram sua paixão por treinamento e liderança e a vontade de fazer a diferença na vida dos outros que o atraíram para a Equip.

Ao longo dos anos, pude apreciar suas habilidades comunicativas, seu compromisso com os princípios bíblicos de liderança e seu enorme sucesso empresarial. São essas três qualidades que o tornam qualificado para escrever *A fé nos negócios*. Dave trilhou seu caminho como um líder que faz a diferença. Embora muitos autores tenham experiência nos campos sobre os quais escrevem, poucos de fato tiveram ou conquistaram um sucesso substancial por sua competência. Dave tem competência e experiência para aplicar as estratégias apresentadas neste livro. Elas o ajudaram a construir um sólido histórico de conquistas, assim como poderão ajudar você.

Durante três anos, ele ensinou princípios de liderança bíblica na Rússia para a Equip e continua a investir seu tempo fazendo a mesma coisa com líderes do Irã e da Armênia. Apesar dos desafios econômicos atuais e da competição ferrenha, sua empresa, a LearnToLead, cresce mais a cada ano, porque ele a construiu sobre a base de princípios bíblicos que apresenta neste livro.

Ao longo dos anos, Dave foi inserindo, de forma natural e eficaz, mais princípios bíblicos em seus livros e seminários. Acho que você vai gostar da sua mistura única de negócios e Bíblia ao descobrir dezenas de princípios atemporais que trarão soluções e resultados para sua empresa. As técnicas são eficazes porque se baseiam na palavra e nas promessas infalíveis de Deus. Elas confirmarão muitas das coisas que você fez no passado e chamarão sua atenção para áreas nas quais você precisa fazer mudanças a fim de se tornar mais bem-sucedido. As instruções de Dave serão um desafio, um esforço e um encorajamento para você. À medida que for incorporando as mudanças recomendadas ao seu estilo pessoal de liderança e à sua organização, você obterá resultados mais significativos e sustentáveis.

Como homem ou mulher de negócios, você vai gostar deste livro justamente por ele ter sido escrito por um empresário, e não por um acadêmico. Os princípios apresentados vão reforçar o que você intuitivamente já sabe, mas que talvez esteja relutante em aplicar em um ambiente corporativo no qual a mentalidade dominante – que diz que "os bonzinhos sempre se dão mal" e que "todos estão contra todos" – entra em choque com a maneira como eles acreditam que deveriam se comportar no trabalho.

Não consigo pensar em uma abordagem mais realista para um livro de negócios do que a combinação da sabedoria atemporal de Deus com o sucesso real de alguém que aplicou esses princípios e que quer compartilhá-los. As ideias apresentadas podem ser aplicadas tanto por líderes de organizações sem fins lucrativos quanto por chefes de família. Você poderá aplicar esse conhecimento à sua vida pessoal, à sua comunidade e à sua igreja.

São muitas as lições que você pode aprender com este livro. Eu o incentivo a aplicar logo esses ensinamentos, porque os princípios de liderança baseados na Bíblia têm o potencial de transformar consideravelmente sua empresa e sua vida. E não há tempo a perder. Líderes como você precisam mostrar mais caráter, competência e compaixão no local de trabalho, na comunidade e na família.

– Dr. John C. Maxwell

Prefácio

A fé nos negócios foi escrito para todos aqueles que querem construir uma organização ou direcionar sua empresa para princípios bíblicos que são a base para o sucesso e transcendem tendências e práticas que estão em voga em um ano e são esquecidas no ano seguinte. Quando a incerteza toma conta do ambiente, é natural ter uma sensação de vazio e desilusão com o rumo que os negócios e o mundo estão tomando e começar a buscar algo mais confiável, testado e comprovado.

O livro mais vendido de todos os tempos, a Bíblia, responde a esse chamado. Embora seja comum procurar nele verdades espirituais, descobri que muitos líderes empresariais não percebem a vasta sabedoria contida em suas páginas, que pode ajudá-los a contratar e treinar as pessoas certas, torná-las responsáveis, criar uma visão, valores e expectativas de desempenho para suas organizações, aprimorar o próprio caráter e suas habilidades interpessoais e administrar seu dinheiro. Este livro aborda todas essas questões e muitas outras a partir de um ponto de vista bíblico e oferece estratégias que você pode pôr em prática imediatamente.

Às vezes, a leitura da Bíblia pode intimidar muitas pessoas que querem lê-la e entendê-la, mas não sabem por onde começar. Elas se assustam com seu tamanho e acham os textos confusos. Neste livro, meu objetivo é destacar princípios que você talvez levasse muito tempo para descobrir sozinho e apresentá-los em um formato útil, prático e fácil, que você possa implementar com confiança e convicção. Embora a Bíblia ofereça milhares de outras lições, as que apresento aqui deverão ser suficientes para mudar consideravelmente os resultados de qualquer organização.

Você ficará aliviado ao saber que não precisa conhecer a Bíblia a fundo para entender ou aproveitar as estratégias oferecidas em cada capítulo deste livro. Mas acredito que quanto mais você ler a respeito dela, mais desejará aprender.

Ao longo deste livro há vários princípios recorrentes que tratam de assumir e atribuir responsabilidades, como formar equipes, os perigos de ser um líder orgulhoso e muito mais. Preste muita atenção a esses temas porque eles podem transformar rapidamente seu estilo de liderança e sua organização.

Uma sugestão é manter uma Bíblia e um marcador de texto à mão ao ler cada capítulo, sem se apressar em passar para o próximo tópico antes de entender plenamente e pensar em como aplicar o que você já aprendeu. Os ensinamentos da Bíblia devem ser estudados e colocados em prática durante toda a vida. Como este livro se baseia em princípios bíblicos, um estudo lento e aprofundado será mais proveitoso do que uma leitura rápida e superficial.

O que espero que aconteça à medida que você for lendo e aplicando os princípios de *A fé nos negócios* está em Isaías 58:11:

> O Senhor o guiará constantemente; satisfará os seus desejos numa terra ressequida pelo sol e fortalecerá os seus ossos. Você será como um jardim bem regado, como uma fonte cujas águas nunca faltam.

CAPÍTULO 1

Seis princípios de um rei e do Rei

Gênese

Quando fui promovido de vendedor a gerente de vendas, achei que meu novo cargo transmitisse a mensagem de que eu me tornara um líder. Mas eu estava enganado. Na verdade, essa situação me ensinou que um cargo não faz de você um líder. Ele simplesmente lhe oferece a oportunidade de se tornar um. Aprendi também que você não passa, automaticamente, a ter seguidores, e sim subordinados. São suas atitudes como líder que vão determinar se um subordinado se tornará um seguidor. Outra lição foi que liderança tem a ver com desempenho, e não com posição. É uma escolha que você faz, e não um lugar que ocupa.

Ávido para me destacar no novo cargo, trabalhei com afinco, mas sobrecarreguei meu corpo. Engordei mais de 20 quilos e ganhei minha "medalha de honra ao mérito como novo gerente": uma úlcera. A meu favor, posso dizer que eu era bom em fechar negócios, estabelecer prazos, prever a demanda e redigir memorandos diários. Todo dia, eu passava a maior parte do tempo com "coisas". Na verdade, preferia me ocupar das coisas a lidar com pessoas. Eu gerenciava por meio da intimidação, substituía relacionamentos por regras e tinha um temperamento irascível que contribuía para criar uma cultura do medo. Embora nunca tivesse cursado uma universidade, meus colegas diziam, com razão, que eu tinha mestrado em intimidação.

Então, um dia tudo mudou. O pastor da igreja que eu frequentava me apresentou dois programas de treinamento em liderança elaborados por John Maxwell, de quem eu nunca tinha ouvido falar. Um deles era sobre prioridades na liderança, e o outro, sobre as diferenças fundamentais entre ser um gerente e um líder, que eu equivocadamente achava que eram sinônimos.

Ao ouvir Maxwell falar sobre liderança, fiquei envergonhado porque percebi que eu era, na melhor das hipóteses, um líder apenas no papel. Tudo o que tinha era um novo cargo que eu acreditava me tornar mais competente. Seus ensinamentos suscitaram em mim o desejo de me tornar um líder melhor. Francamente, eu estava cansado de realizar tantas atividades sozinho porque não confiava em ninguém nem delegava tarefas. Também me sentia desanimado porque não estava fazendo o suficiente para ajudar minha equipe a alcançar seu potencial. O que mais me animou foi quando ele disse que os princípios que ensinava eram baseados na Bíblia. Isso era muito importante para mim porque eu sou cristão e respeito muito os textos sagrados, embo ra na época não os lesse com muita frequência.

Depois de ouvir os programas várias vezes, comecei a ler a Bíblia em busca de verdades tanto empresariais quanto pessoais. Isso me ajudou a mudar meu estilo de liderança, minhas prioridades e meu modo de pensar. Passei a recorrer ao livro sagrado antes de tomar decisões de várias esferas, desde as referentes a recursos humanos até as que tinham a ver com atendimento ao cliente. Após fazer essas modificações, minha carreira, que parecia uma escada íngreme, se transformou em um elevador expresso para o topo.

Como estudioso da Bíblia, descobri que você não precisa inventar princípios de liderança para se tornar mais bem-sucedido, assim como não tem necessidade de passar por inúmeras decepções em um processo pessoal de tentativa e erro para aprender o que não funciona. Em vez disso, pode seguir o exemplo dos melhores líderes de todos os tempos que o precederam nessa jornada, como descrito na Bíblia, e aplicar princípios atemporais e comprovados para melhorar todos os aspectos da sua organização. A Bíblia é uma expressão do pensamento de Deus. Então, por que não recorrer à fonte da sabedoria infinita em vez de usar nossa própria intuição ou seguir os modismos dos outros?

Neste capítulo, você vai aprender lições muito úteis de dois dos melhores líderes da Bíblia que vão ajudá-lo a administrar sua empresa.

Você talvez tenha a tendência natural a usar esses princípios para testar e consertar as pessoas ou os sistemas e estratégias a sua volta. Esse é um erro grave, porque nada vai melhorar muito na sua organização até que você se aprimore. Então, que tal conhecer os ensinamentos de Davi e Jesus que podem ajudá-lo nesse desafio?

BÊNÇÃO Mais do que descoberta, a liderança é desenvolvida. Você a aprimora e ela funciona a seu favor.

Davi

Segundo rei de Israel, Davi reinou por quatro décadas e é considerado seu melhor governante. Seu reinado precedeu o nascimento de Cristo em aproximadamente mil anos. Como muitos líderes, Davi cometeu grandes erros em meio a enormes sucessos. Podemos aprender com ambos.

Os principais fatores para o sucesso de Davi

1º fator crítico para o sucesso: Davi assumiu as características de um líder antes de ocupar uma posição de liderança.

Ao longo dos anos, sempre ouvi funcionários em posições não gerenciais dizendo a mesma coisa: "Dave, gostaria de ser levado em consideração para a nova vaga de gerente. Trabalho aqui há muito tempo. Tenho sido leal e acho que mereço uma chance."

Então eu lhes fazia a seguinte pergunta: "Quantos livros sobre gestão você leu? E de quantos cursos sobre liderança participou?" Encabulados e na defensiva, eles davam uma resposta previsível: "Nenhum. Ainda não sou gerente." Eu respondia: "Você não concorda que o melhor momento para se preparar para um cargo com mais atribuições e responsabilidades é antes de ocupá-lo? Aprenda sobre gestão antes de se tornar gerente. Enquanto isso, mostre que já é capaz de gerir seu tempo, suas emoções, suas escolhas de caráter e sua disciplina. Se você não consegue gerir a si mesmo, como espera que eu lhe dê a oportunidade de gerir os outros?"

BÊNÇÃO A primeira obrigação de um líder é crescer. O processo deve começar antes de você ocupar um cargo de liderança e continuar por toda a vida depois que o conquistar.

> **LIÇÃO BÍBLICA SOBRE LIDERANÇA**
>
> **Davi liderava antes de ter um cargo**
>
> Os historiadores acreditam que Davi ainda era adolescente quando enfrentou Golias. O rei Saul e seus soldados temiam o ataque do gigante, mas Davi estava disposto a agir. Enquanto outros davam desculpas, ele ofereceu uma solução. É isso que os líderes fazem. Eles começam a pensar e a agir como líderes antes de ocupar uma posição de liderança.

Se você quer ocupar um alto cargo na empresa para a qual trabalha, comece a pensar e a agir como se fosse o dono, mesmo que não ocupe uma posição de liderança.

Visitei uma empresa de varejo bem-sucedida e notei que o executivo-chefe, que havia galgado todos os degraus empresariais para chegar àquela posição, catava qualquer sujeira que estivesse em seu caminho. Ao notar que eu reparara em seu hábito, ele explicou: "A maioria das pessoas acha que recolho o lixo porque sou o dono da empresa. Elas não percebem que sou o dono da empresa porque, desde que comecei a trabalhar aqui, nunca passei por uma sujeira sem recolhê-la."

Sob certos aspectos, pouca coisa mudou desde o tempo de Davi. As maiores empresas do mundo reconhecem suas falhas, mas não tomam providências para resolvê-las. O verdadeiro líder não deve se limitar a descobrir problemas, e sim fornecer soluções. De fato, a diferença fundamental entre os vencedores e os resmungões em qualquer organização é que, embora os dois grupos apontem problemas e áreas que podem ser melhoradas, os líderes bem-sucedidos também apresentam e implementam soluções.

Uma segunda lição que podemos aprender com a ascensão de Davi como líder é que ele enfrentou Golias com mais do que apenas uma boa atitude ou pensamento positivo. Embora tudo isso possa agregar valor, nada substitui o preparo e a execução. Em Samuel 17:40, a Bíblia relata que, antes de enfrentar o gigante, Davi parou em um córrego e escolheu cinco pedras lisas para a batalha. Ele não sabia se precisaria de apenas uma ou de todas, pois circulavam boatos de que Golias tinha quatro irmãos. De qualquer forma, ele estava preparado. Como líder, você deve manter uma perspectiva positiva e uma atitude saudável. Reflita: "Você tem suas cinco pedras? Você se preparou para o Golias que está enfrentando no mercado? Está simplesmente esperando que tudo dê certo, ou de fato construiu alicerces para garantir o sucesso da sua organização?"

2º fator crítico para o sucesso: Davi honrava o líder acima dele.

Um aspecto importante da liderança é ser capaz de colaborar com seu líder. Isso significa que você agrega valor, influencia positivamente e o apoia diante de outras pessoas. Em vez de tentar mudá-lo, ajude-o a reduzir os pontos fracos assumindo tarefas que tornam tanto você quanto ele mais valiosos. Honrar o líder acima de você é mais fácil quando ele é ético, digno e competente. Mas, e se ele for egoísta, inseguro e cheio de falhas de caráter? Aprenda com o exemplo de Davi e com a relação entre ele e Saul.

BÊNÇÃO Colabore com seu líder e você progredirá rapidamente.

A desobediência do rei Saul fez Deus instruir o profeta Samuel a ungir Davi como o próximo rei de Israel – enquanto Saul ainda estava no trono. Na verdade, Davi só assumiu o reinado cerca de 15 anos após ter sido ungido. Durante esse tempo, ele foi extre-

LIÇÃO BÍBLICA SOBRE LIDERANÇA

Colabore honrosamente com seu líder

Honre seu líder sendo leal a ele em público e resolvendo suas diferenças em particular. Procure maneiras para fazer com que ele tenha uma boa imagem. Ofereça-se como voluntário para tarefas que talvez não estejam entre os pontos fortes dele, mas que você desempenha muito bem. Evite fofocas e nunca faça comentários do tipo "Se eu estivesse no comando...". Mesmo que não goste da pessoa, respeite sua posição e autoridade. Se seu líder comete atos ilegais, é recomendável que você comece a procurar outro emprego. Como Paulo advertiu os coríntios: "As más companhias corrompem os bons costumes" (1 Coríntios 15:33). Quando decide continuar a trabalhar para um líder corrupto, acreditando que conseguirá mudá-lo, você está fazendo o que é temporariamente conveniente no lugar do que é moralmente correto. Não se iluda. Você pode mudar a si mesmo, mas não pode mudar outra pessoa.

mamente leal ao ciumento rei, que estava com os dias contados. Por isso, e apesar da lealdade de Davi, Saul tentou matá-lo. Ironicamente, durante a tentativa de Saul para eliminar o rival, Davi teve duas oportunidades de matá-lo, mas não fez isso porque acreditava que sua decisão, embora conveniente, não corresponderia ao desejo de Deus. Preferiu esperar que Deus se livrasse de Saul antes que ele cumprisse seu destino. No devido tempo, Davi se tornou o maior rei de Israel.

Mais de mil anos depois, Paulo reforçou a atitude de Davi ao escrever aos colossenses enquanto esteve aprisionado em Roma pela mesma autoridade governamental que um dia o mataria. Porém, mesmo naquelas condições, ele agiu da maneira certa em relação à autoridade: "Tudo o que fizerem, façam de todo o coração, como para o Senhor, e não para os homens, sabendo que receberão do Senhor a recompensa da herança. É a Cristo, o Senhor, que vocês estão servindo. Quem cometer injustiça receberá de volta injustiça, e não haverá exceção para ninguém" (Colossenses 3:23). É importante manter essa perspectiva e servir a seu líder como você serviria a Deus. Você não apunhalaria Deus pelas costas, não é? Nem conspiraria para tirá-Lo de Sua posição e tentar ocupá-la, certo? (Satã tentou fazer isso, mas foi expulso do Paraíso com um terço dos anjos, que o ajudaram na tarefa!) Você não tentaria fazer com que Deus ficasse mal perante os outros nem zombaria das Suas regras e decisões, não é? Então comporte-se da mesma maneira em relação ao seu líder. E não dê ouvidos àqueles que o encorajam a fazer o contrário.

O apóstolo Pedro, ao escrever de Roma para as cinco províncias na Ásia, disse algo semelhante: "Escravos, sujeitem-se a seus senhores com todo o respeito, não apenas aos bons e amáveis, mas também aos maus. Porque é louvável que, por motivo de sua consciência para com Deus, alguém suporte aflições sofrendo injustamente. Pois que vantagem há em suportar açoites recebidos por terem cometido o mal? Mas, se vocês suportam o sofrimento por terem feito o bem, isso é louvável diante de Deus" (1 Pedro 2:18-20). Não se preocupe se você não está recebendo o devido crédito ou se acha que ninguém está notando seu bom desempenho. Deus vê e, quando você trabalha de acordo com a Sua vontade, Ele se encarrega de tudo.

É importante abordar também a questão de como os líderes devem tratar sua equipe. Retomando o que dissemos em Colossenses, no versículo seguinte Paulo estabelece um padrão para o tratamento que os líderes devem dispensar aos funcionários: "Senhores, deem a seus escravos o que é justo e direito, sabendo que vocês também têm um Senhor nos céus."

Nos 23 versículos do livro de Filêmon, Paulo apresenta instruções de como os líderes devem tratar os trabalhadores, mesmo quando estes se desviam do bom caminho. Filêmon era um amigo rico que o ajudara a iniciar a igreja colossense em sua própria casa. Quando Onésimo, escravo de Filêmon, foge, Paulo oferece conselhos sobre como lidar com ele ao seu retorno. Deve responsabilizá-lo? Sim. Mas vê-lo primeiro como um irmão e, depois, como um empregado. Em outras palavras, embora você talvez não esteja satisfeito com o desempenho de seu funcionário, é necessário que ainda assim o respeite.

BÊNÇÃO Não espere que Deus o faça subir um degrau até que você esteja disposto a segurar a escada para o seu líder.

3º fator crítico para o sucesso: Davi confessou seus pecados e se arrependeu sinceramente quando caiu.

Alguns dos maiores líderes de todos os tempos fracassaram moralmente. Foram pegos dizendo mentiras e cometendo fraudes financeiras. A velocidade com que eles são – ou não – perdoados por seus seguidores muitas vezes depende da disposição que têm em aceitar a responsabilidade pelos próprios atos e da sua capacidade de admitir o deslize e se arrepender do erro cometido. Arrepender-se é mais do que admitir que você fez bobagem. Significa mudar seu modo de ser e se reconciliar com as pessoas prejudicadas. Essa ação vai além de meras palavras, ela envolve uma mudança sincera de opinião. Talvez seja por isso que tantos culpados lamentam mais o fato de terem sido pegos do que o mal que causaram. O arrependimento requer humildade perante Deus e os homens.

LIÇÃO BÍBLICA SOBRE LIDERANÇA

Retrate-se rapidamente

Confissões rápidas e diretas evitam que lapsos se tornem encobrimentos e que estes se tornem conspirações. Ao confessar seus erros, você não se livra das consequências. Mas pode reduzi-las, atrair pessoas para o seu lado e ensinar à sua equipe lições valiosas sobre como você espera que eles reajam em situações semelhantes.

Evite "Eu fiz... mas..."

Não estrague um pedido de desculpa ou a admissão de um erro com evasivas. "Admito que a culpa é minha... mas eu estava baseando minha decisão no que você me disse" ou "Errei ao dizer aquilo, mas você não deveria ter me provocado!". Quando cometer um erro, retrate-se rapidamente e não tente racionalizar suas ações. Quanto mais você esperar para admitir o que fez, mais suspeito se tornará e mais depressa sua credibilidade irá diminuir. Adquirindo o hábito de admitir logo seus erros, você criará uma cultura que estimula os outros a fazer a mesma coisa e protegerá sua boa reputação como líder. Mas, se tentar tirar o foco da culpa de cima de você e jogá-lo em alguma outra coisa ou em outra pessoa, seus seguidores aprenderão a se fazer de vítima quando algo der errado.

BÊNÇÃO Quando cometer um erro, admita-o sem dar justificativas. Aprenda com ele para não repeti-lo e entenda que, se não fizer isso rapidamente, estará cometendo outro erro.

Resumo

Davi é a única pessoa em toda a Bíblia que é descrita como "um homem com um coração de Deus". Aprenda com seus sucessos e fracassos. Preparar-se com antecedência para seu próximo cargo de liderança, honrar os líderes e as figuras de autoridade acima de você, confessar seus erros e arrepender-se dos seus deslizes são três lições que você pode começar a internalizar imediatamente. Também são critérios que pode usar para avaliar outras pessoas na sua organização. A seguir, você aprenderá três outras lições da liderança de Jesus que completarão os "seis princípios" a serem internalizados em seu próprio estilo para que você comece a administrar sua empresa de acordo com os ensinamentos da Bíblia.

Jesus

Jesus é o líder supremo que estabeleceu os padrões a serem seguidos por todos os outros líderes. Em três breves anos de ministério, ele lançou as bases de uma igreja destinada a se tornar a maior do mundo.

Os principais fatores para o sucesso de Jesus

1º fator crítico para o sucesso: Jesus criou clareza de visão, valores e expectativas de desempenho.

Eu soube que a parte mais útil dos meus seminários sobre liderança é a que trata da importância da responsabilização para a criação de uma cultura de alto desempenho. Embora a maioria dos líderes admita que gostaria de criar uma organização com alto nível de responsabilização, eles também confessam que não estabeleceram claramente o que é esperado em termos de desempenho e padrões de comportamento. Por isso, em sua busca por uma responsabilização maior, a pergunta deve ser: "Responsável pelo quê?"

BÊNÇÃO A ambiguidade é inimiga da responsabilização.

Ao longo da Bíblia, Deus falou claramente com Seu povo. Não consigo encontrar nenhum registro de alguém que tenha se queixado ao Criador de não ter compreendido o que ele dissera. Desde o início dos tempos, Ele deixou claro o que era importante e, ao longo da sua vida na Terra, Jesus deu continuidade a esse padrão ao declarar sua missão, sua visão, seus valores e o que esperava dos seus seguidores. Na verdade, é possível dizer que o tema central das Escrituras são os 49 comandos gerais que Cristo espalhou pelos evangelhos. Muitos deles se basearam em ensinamentos do Antigo Testamento. As cartas de São Paulo e de outros apóstolos tratam detalhadamente de como aplicar as ordens de Deus e adotá-las em seu estilo de vida. Esta é a essência da clareza: criar os padrões, aplicá-los à sua vida pessoal e, depois, ensinar os outros a fazer o mesmo.

LIÇÃO BÍBLICA SOBRE LIDERANÇA

Jesus era claro

Desde o Sermão da Montanha (Mateus 5) até o ensinamento aos discípulos sobre como rezar (Mateus 6) e o Primeiro e o Segundo Grande Mandamento (Mateus 22), Jesus foi bem claro quando se referiu a desempenhos e comportamentos. Embora parecessem radicais para muitos, seus valores não eram confusos.

O escritor americano Max Depree declarou que a primeira responsabilidade de um líder é definir a realidade. Na sua organização, a realidade abrange a sua visão, as medidas de desempenho e os comportamentos. Se você não tem certeza se essas questões estão claras ou não, então é bem provável que não estejam. Elas existem ou não. Estão expressas por escrito ou não, não existe meio-termo. E, se não influenciam de maneira positiva o comportamento dos funcionários no dia a dia, então elas são ineficazes. Uma vez definida a clareza, você precisa servir de exemplo e ser claro sempre, como Cristo fez. Indique aqueles que cumprem os padrões, assim como Jesus fez ao aclamar a viúva que deu tudo o que tinha (Lucas 21:1-14) e ao confrontar ou corrigir aqueles que desrespeitam ou abandonam os padrões, como ele fez quando seus discípulos discutiram sobre quem era mais importante. (Marcos 10:35-45)

Há muitos aspectos do seu trabalho que você pode delegar, mas a definição da realidade não é um deles. Como líder, você deve ver mais, antes e mais longe que seus seguidores. É tanto seu privilégio quanto sua responsabilidade definir a realidade na sua organização, independentemente se você lidera uma ou 100 mil pessoas. Se a sua "realidade" ficou um pouco obscura, se tornou convenientemente esquecida ou nunca foi criada, então redefina-a quanto antes.

BÊNÇÃO Se você não definir com clareza o que defende, é como se não defendesse nada.

2º fator crítico para o sucesso: Jesus responsabilizava os outros pelos resultados.

Em uma das palestras sobre responsabilização que fiz no exterior, um participante comentou: "Responsabilizar os outros é mais fácil em seu país porque a cultura é mais 'direta', mas aqui não temos esse hábito. Como você sugere que façamos isso?" Essa pergunta é típica do entendimento equivocado que muitas pessoas têm da responsabilização. Elas acreditam que responsabilizar os outros é algo desagradável, cruel ou desrespeitoso. Infelizmente, essa compreensão errônea faz com que os líderes não se aprofundem em relação a esse tópico, deixando que a sensação de direito adquirido e a mediocridade penetrem em sua cultura empresarial. A Bíblia nos instrui a confrontar com amor e também nos adverte sobre a tendência e a tentação de nos tornarmos orgulhosos em nossa confrontação. "Irmãos, se alguém for surpreendido em algum pecado, vocês, que são espirituais, deverão restaurá-lo com mansidão. Cuide-se, porém, cada um para que também não seja tentado." (Gálatas 6:1)

Você pode confrontar alguém a respeito de seu desempenho e ser firme, mas justo, direto e respeitoso. Também pode ser carinhoso sem mimar e empático sem fechar os olhos para o erro. Leia o primeiro capítulo da Epístola aos Gálatas e descobrirá um exemplo de como confrontar com amor.

No oitavo capítulo de João, lemos que os fariseus levaram até Jesus a mulher surpreendida cometendo adultério, lembraram que a lei de Moisés ordenava que ela fosse apedrejada e perguntaram sua opinião. Jesus não disse nada, apenas se curvou e escreveu algo na areia. Quando os fariseus continuaram a questioná-lo, ele disse: "Aquele que não tiver pecado, seja o primeiro a atirar-lhe a pedra." João relatou que todos que testemunharam essa cena foram condenados pela própria consciência e saíram, um após outro, até que não restasse ninguém. Quando ficou a sós com a mulher, Jesus perguntou: "Mulher, onde estão eles? Ninguém te condenou?" Ela respondeu: "Ninguém, Senhor." E Jesus disse a ela: "Nem eu te condeno. Vai, e de agora em diante não peques mais."

Essa lição de responsabilização nos ensina os seguintes preceitos fundamentais:

1. Confrontar e responsabilizar alguém não implica condenar, repreender nem menosprezar a pessoa.
2. Após a confrontação, você deve sempre definir uma nova expectativa de desempenho. Por exemplo: "Vai, e de agora em diante não peques mais."

3. Você pode provocar a consciência daqueles que condenam, insultam e atacam os outros fazendo com que eles se lembrem das próprias falhas.

BÊNÇÃO O único propósito da responsabilização e das consequências é melhorar o desempenho, e não humilhar!

Há pelo menos três lições sobre responsabilização que você pode aprender com a parábola dos talentos:

1. A Bíblia diz que o senhor distribuiu os talentos de acordo com a capacidade de cada servo. Eles receberam o que haviam conquistado e merecido com base em seu desempenho prévio. Esse costume desapareceu de muitas culturas empresariais modernas, nas quais os funcionários, com uma sensação de direito adquirido, esperam enriquecer simplesmente porque comparecem ao trabalho, e não porque se esforçam.
2. O funcionário que gera os melhores resultados deve ter mais oportunidades e recursos, mesmo que à custa de um colaborador com desempenho fraco. Não enfraqueça os fortes para fortalecer os fracos. Em vez disso, promova os fortes e elimine quem tem baixo desempenho.
3. Na parábola, Jesus não condenou o senhor por tratar o servo com firmeza. Ele dirigiu suas palavras mais duras àquele que teve uma oportunidade mas não conseguiu aproveitá-la. Afinal de contas, o senhor estabeleceu claramente sua expectativa. O servo sabia o que devia fazer, mas mesmo assim não fez.

Jesus foi mais severo com quem tinha mais conhecimento e estava em posição de autoridade, e você deve fazer o mesmo. É por isso que ele reservou algumas de suas críticas mais duras

LIÇÃO BÍBLICA SOBRE LIDERANÇA

Use seus talentos ou esqueça-os

O 25º capítulo de Mateus relata uma das melhores lições bíblicas sobre responsabilização: a parábola dos talentos. Antes de significar aptidão, talento denotava dinheiro: era a maior unidade de medida da contabilidade grega. Um denário correspondia ao pagamento de um dia de trabalho e um talento correspondia ao salário de 10 mil dias! Portanto, Jesus estava falando de muito dinheiro.

Ao ler a paráfrase desta história, pense em como você pode aplicar os preceitos da responsabilização na sua própria empresa.

> Antes de sair da cidade, um homem distribuiu talentos a seus servos, que deveriam investi-los durante sua ausência. Quando ele voltasse, cada um prestaria contas dos resultados.
>
> O homem entregou os talentos de acordo com a capacidade de seus empregados: cinco talentos para um, dois para outro e um para o terceiro. Depois de uma longa viagem, ele voltou para acertar as contas. O servo que recebera cinco talentos dobrara o dinheiro. O homem ficou felicíssimo. O que recebera dois talentos também relatou que tinha dobrado o dinheiro. Mais uma vez, o homem ficou bastante feliz. Por fim, o terceiro servo se apresentou e explicou que ficou com medo de perder o dinheiro, porque o senhor era muito severo. Foi por isso que ele havia enterrado o talento que recebeu e o devolveu ao senhor. O patrão criticou sua decisão de não investir o dinheiro e mandou o servo embora.

para os fariseus, os escribas e os advogados. Ao longo da vida, Jesus responsabilizou as pessoas apenas pelo que lhes fora dado. Ele nunca cobrou dos outros pelo que eles não tinham, fossem conhecimento, oportunidades, recursos ou posição. Talvez seja por isso que Lucas faz a seguinte citação de Jesus:

> Aquele servo que conhece a vontade de seu senhor e não prepara o que ele deseja, nem o realiza, receberá muitos açoites. Mas aquele que não a conhece e pratica coisas merecedoras de castigo receberá poucos açoites. A quem muito foi dado, muito será exigido; e a quem muito foi confiado, muito mais será pedido. (Lucas 12:47-48)

É importante ressaltar que, sem aplicar o primeiro fator crítico para o sucesso da liderança de Jesus discutido neste capítulo – clareza de missão, visão, valores e expectativas de desempenho –, a responsabilização é impossível.

BÊNÇÃO Indefinições são terreno fértil para a complacência, a sensação de direito adquirido e o caos. Em uma cultura de alta responsabilização, existem o certo e o errado; o sucesso e o fracasso; a vitória e a derrota.

3º fator crítico para o sucesso: Jesus servia aos outros

Em minhas oficinas, apresento algumas diferenças entre gestão e liderança e seu impacto no desempenho. A primeira é: "Os gerentes querem ser servidos, ao passo que os líderes servem aos outros." Servir é agregar valor aos outros, em vez de esperar que façam isso por você. Ao servir, você reconhece que, como líder, precisa mais de sua equipe do que ela de você. Você serve às pessoas estabelecendo expectativas claras, fornecendo feedback franco, treinando-as, responsabilizando-as e dando a elas mais autonomia, poder de decisão e oportunidades. Ao servir, você também reconhece que o bem da equipe é mais importante do que seu conforto ou seus planos pessoais.

Os líderes servem a seus seguidores pondo em prática os quatro C: caráter, competência, compaixão e coerência. Falsos líderes que só pensam em comandar e controlar sonham com o nível de lealdade que essas qualidades conquistam junto aos seguidores. Ao servir, você desencadeia um ciclo recíproco: quanto mais você serve, mais os outros querem ajudá-lo e lhe servir. Até mesmo um líder ruim pode comprar um seguidor com um contracheque, mas os líderes servidores também conquistam mentes e corações. Servir é uma mentalidade que faz você lembrar que a liderança está relacionada ao desempenho, e não à posição. Servir ajuda a cultivar a humildade. Afinal, apesar do cargo, você não é melhor do que ninguém.

Jesus estava preparado, disposto e apto a servir, mesmo em situações aparentemente pequenas. Por exemplo, em um banquete de casamento em Caná, sua mãe, Maria, disse que não havia vinho. Ele acolheu o pedido dela e lhe deu a oportunidade de fazer seu único sermão registrado na Bíblia ao dizer aos servos: "O que quer que ele diga, façam." Depois, Jesus executou grandes atos, como curar os aleijados, levantar os mortos, expulsar os demônios, devolver a visão aos cegos e alimentar multidões famintas. Serviu aos homens durante três anos, ensinando, orientando e dedicando sua vida a eles. Cristo realizou o ato supremo: foi torturado e morreu na cruz para que os outros pudessem viver. É muito importante ressaltar, porém, que ele *procurava* maneiras de servir, em vez de ficar sentado em um templo esperando que fossem até ele. Jesus era um gestor itinerante e acreditava que é difícil servir bem permanecendo parado. É preciso estar perto das pessoas para lhes servir e procurar maneiras para estabelecer contato com elas, em vez de esperar que elas façam isso.

BÊNÇÃO Se você acha que o seu pessoal está ali para lhe servir, e não o contrário, você não é um líder, é um tirano.

Os verdadeiros líderes são servos

Amigos de verdade são aqueles que você quer ao seu lado quando a situação fica complicada. Nessas horas, precisamos

> **LIÇÃO BÍBLICA SOBRE LIDERANÇA**
>
> A Bíblia relata vários momentos em que os discípulos de Jesus discutiram entre si para determinar qual deles era o mais importante. (Isso parece o diálogo nos corredores depois da reunião semanal da gerência?) No 10º capítulo de Marcos, Jesus define o que é ser importante:
>
> > Não será assim entre vocês. Ao contrário, quem quiser tornar-se importante entre vocês deverá ser servidor; e quem quiser ser o primeiro deverá ser escravo de todos. Pois nem mesmo o Filho do homem veio para ser servido, mas para servir e dar a sua vida em resgate por muitos. (Marcos 10:43-45)
>
> Nesse trecho, há dois pontos essenciais:
>
> 1. Jesus não condenou a tentativa de ser importante. Ele simplesmente mencionou uma maneira para que aquilo acontecesse: servir aos outros.
> 2. Jesus definiu sua própria missão dizendo que não viera para ser servido, mas para servir. Por essa razão, devemos seguir o exemplo dele.

de alguém com caráter, competência, compaixão e coerência. Para o líder, é essencial estar cercado de pessoas com essas características.

Tendo isso em mente, será que sua equipe o classificaria como um líder de verdade? Será que podem contar com seu caráter, sua competência, sua compaixão e sua coerência mesmo quando as coisas se complicam? Eles acreditam que você vai priorizar o bem-estar deles em detrimento do próprio conforto? Você tem seguidores que, por causa do seu estilo de liderança, estão dispostos a se empenhar, se sacrificar e até mesmo se arriscar por você? Jesus tinha, porque levou uma vida íntegra, competente e servidora que atraiu as outras pessoas.

Um dos maiores testes da eficácia de um líder é verificar se ele ainda influencia as pessoas depois da sua partida. Embora a Bíblia não diga muito a respeito do destino dos discípulos e dos seguidores mais próximos de Jesus nos primórdios do cristianismo, os primeiros historiadores da Igreja nos revelam muita coisa. A avaliação dos sacrifícios que os outros estão dispostos a fazer por você é um indicador essencial do seu sucesso como líder.

Sua equipe prefere ver a ouvir um sermão

Uma das histórias mais conhecidas da liderança servidora de Jesus é a de quando ele lavou os pés dos discípulos, na noite da Última Ceia, menos de 24 horas antes de ser torturado e assassinado. Durante três anos, Jesus pregou e praticou a liderança servidora, mas seus discípulos continuaram a discutir e a competir para saber quem era mais importante. Em vez de fazer um sermão final sobre servir aos outros, Jesus decidiu mostrar, mais uma vez, o que era um bom desempenho. Aquele se tornou um exemplo ainda mais dramático porque, em tempos bíblicos, não havia parte do corpo mais suja e malcheirosa do que os pés. Lavá-los, portanto, era um ato tão infame e degradante que nem mesmo um senhor ordenaria que um escravo o realizasse.

As lições que podemos tirar desse exemplo são:

1. Jesus não somente falou de bom desempenho. Ele o demonstrou, porque sabia que assistir a um sermão é mais impactante do que ouvi-lo.
2. Não delegou a tarefa a mais ninguém. Ele mesmo a realizou.
3. Jesus lavou os pés de Judas, o homem que ele sabia que o trairia. Ele não serviu apenas àqueles que sabia que seriam fiéis a ele.

BÊNÇÃO Você só pode servir aos outros depois de morrer para si mesmo. Não existe "eu" no servidor.

Resumo

Jesus era perfeito. Nós não somos. Mas nos tornamos completos ao nos moldarmos à sua imagem e ao imitarmos todos os aspectos da sua vida. Lidere de uma maneira que faça com que seus seguidores vejam menos você e mais ele. Reze para ver como ele vê, ouvir como ele ouve, pensar como ele pensa e amar o que ele ama.

Revelação

Apresentei seis características essenciais para você incorporar ao seu estilo de liderança. É bastante provável que você já as conheça. Mas a questão não é conhecê-las. *Fazer* é o que conta! Ao encontrar tempo para fazer os seguintes exercícios, você demonstrará um compromisso que meras afirmações jamais poderão assumir e criará um impulso pessoal para liderar de acordo com a Bíblia.

Exercício prático

Tendo em mente os princípios apresentados, responda:

1. Qual deles oferece a maior oportunidade para que você aprimore seu estilo de liderança?

   ____

2. Em qual dos princípios você é mais forte?

   ____

3. Em qual dos princípios você é mais fraco?

   ____

4. Indique pelo menos um passo que você pode dar para melhorar cada uma das características listadas a seguir:

A. Assuma as características do cargo que você almeja antes de ocupá-lo.

____

B. Como você pode honrar melhor o líder acima de você?

____

C. Que ação/comportamento você deve admitir e de que ação/comportamento você deve se arrepender?

____

D. Como você pode melhorar a clareza na sua organização?

____

E. Como você pode melhorar a responsabilização na empresa em que trabalha e seus métodos para responsabilizar os outros?

____

F. Que mentalidade você deve assumir ou que ações deve realizar para ter um papel genuinamente servidor como líder?

____

Use essas perguntas como uma ferramenta de treinamento para melhorar o estilo de liderança dos seus principais líderes.

CAPÍTULO 2

Quatro regras para maximizar seu tempo

Gênese

Um dos programas de John Maxwell que meu pastor me deu dizia respeito a prioridades. Nele era apresentado o Princípio de Pareto, que, entre outras coisas, ensina que 20% das suas atividades geram 80% dos seus resultados. Isso nunca foi novidade para mim. Eu achava que prioridades eram as questões urgentes que vão surgindo. Por isso, reservava tempo na minha agenda para antecipar as crises com as quais eu teria de lidar diariamente sem perceber que, ao fazer isso, passava a maior parte dos dias sendo perseguido pelo que era urgente.

Depois de assistir ao programa, reconheci que, se a ignorância realmente trouxesse felicidade, eu deveria estar muito mais feliz. Estes são os três princípios de gestão do tempo que adotei desde que conheci o Princípio de Pareto:

(a) Não são as horas ou os dias que você utiliza que o tornam eficaz, mas *como* você os utiliza.

(b) Priorizar o que não é prioridade é uma das principais causas para que as pessoas nunca atinjam seus objetivos. O sábio conselho de Peter Drucker também é fundamental: "As primeiras coisas primeiro e as últimas nunca." Assim como o de Stephen Covey: "O que importa é manter o principal como principal."

(c) O objetivo da gestão do tempo não é que você realize todo o seu trabalho, e sim que se dedique às tarefas *certas*!

"Não gaste muito tempo com coisas pequenas e não dedique pouco tempo ao que é importante", recomenda o palestrante americano Jim Rohn. Como eu nunca sabia quais eram minhas prioridades, costumava fazer o oposto do que ele aconselha. Felizmente, desde o início da minha carreira, aprendi que:

(a) Suas prioridades não são as tarefas agradáveis que você faz todo dia, mas as coisas importantes. Afinal, muitas das atividades que realiza diariamente são boas, e outras, ruins. Portanto, entre as boas, identifique primeiro as importantes.
(b) Agendar as prioridades é a única maneira de realizá-las.
(c) Como as prioridades mudam, você deve se manter flexível para acompanhar as mudanças.

No mundo real existem emergências, interrupções e distrações que o afastam do trabalho. O mais importante é manter-se focado porque, quanto mais você se distancia das prioridades, menos eficaz se torna.

Ao ler a Bíblia, percebi que Deus era – e é – o gestor supremo do tempo. Ao contrário Dele, você nunca vai conseguir fazer milagres, mas poderá tornar seus dias mais produtivos. As quatro regras a seguir irão ajudá-lo a aproveitar melhor uma das maiores dádivas de Deus.

BÊNÇÃO Você provavelmente nunca vai conseguir executar todas as suas tarefas porque em uma organização em crescimento sempre existe uma quantidade infinita de trabalho a ser feita. Portanto, concentre-se em realizar as prioridades e pare de perder tempo e gastar energia com as coisas erradas.

Quatro regras para maximizar o tempo

1ª regra de maximização do tempo: Seja produtivo em sua área de atuação.

Sua área de atuação é definida por aquelas atribuições em que o tempo que você investe gera o maior resultado. Normalmente, trata-se de uma ou várias áreas em que você pode lançar mão de seus pontos fortes e talentos, conseguindo, assim, fazer o máximo em menos tempo. Por exemplo, talvez você tenha ótimas habilidades interpessoais. Ao motivar, treinar e orientar pessoas, você está na sua área. O problema surge quando você passa tempo demais ocupado com "coisas" e não consegue se relacionar com as pessoas. Você pode trabalhar muitas horas com afinco e não ser capaz de maximizar seu tempo porque não está se dedicando à sua área de maior retorno.

BÊNÇÃO Parte do processo de amadurecimento como líder é reconhecer as áreas em que você é bom, assim como as coisas para as quais não leva jeito, e ficar em paz com essas duas realidades.

Procure formar equipes de profissionais que se complementam

Para que você alcance mais resultados, é fundamental contar com uma equipe com habilidades e competências complementares. Você deve se cercar de pessoas que são boas nos pontos que não são o seu forte. Quando as pessoas se dedicam ao que fazem de melhor, a organização progride como um todo. É por isso que Stephen Covey disse: "A tarefa de um líder é montar uma equipe complementar na qual todos os pontos fortes se tornam eficazes e os fracos, irrelevantes." No entanto, muitos líderes fazem o contrário e se cercam de profissionais iguais a eles, um exército de clones que não conseguem se complementar, gerando fraquezas sérias e pontos cegos em toda a organização.

LIÇÃO BÍBLICA SOBRE LIDERANÇA

Nenhum de nós sozinho é tão eficaz quanto todos nós juntos

Paulo compartilhou uma grande verdade sobre a importância da diversidade de talentos e o papel vital que cada um desempenha para o bem de toda a equipe quando escreveu 1 Coríntios 12:17-26:

> Se todo o corpo fosse olho, onde estaria a audição? Se todo o corpo fosse ouvido, onde estaria o olfato? De fato, Deus dispôs cada um dos membros no corpo segundo a Sua vontade. Se todos fossem um só membro, onde estaria o corpo? Assim, há muitos membros, mas um só corpo. O olho não pode dizer à mão: "Não preciso de você!" Nem a cabeça pode dizer aos pés: "Não preciso de vocês!" Ao contrário, os membros do corpo que parecem mais fracos são indispensáveis, e os membros que pensamos serem menos honrosos, tratamos com especial honra. E os membros que em nós são indecorosos são tratados com decoro especial, enquanto os que em nós são decorosos não precisam ser tratados de maneira especial. Mas Deus estruturou o corpo dando maior honra aos membros que dela tinham falta, a fim de que não haja divisão no corpo, mas, sim, que todos os membros tenham igual cuidado uns pelos outros. Quando um membro sofre, todos os outros sofrem com ele; quando um membro é honrado, todos os outros se alegram com ele.

Em 1 Coríntios 12:4-11 encontra-se uma grande analogia de como os dons complementares favorecem toda a Igreja. Essa mesma explicação também pode ser usada para demonstrar que equipes formadas por profissionais que se complementam geram benefícios para a empresa.

Há diferentes tipos de dons, mas o Espírito é o mesmo. Há diferentes tipos de ministérios, mas o Senhor é o mesmo. Há diferentes formas de atuação, mas é o mesmo Deus quem efetua tudo em todos. A cada um, porém, é dada a manifestação do Espírito, visando ao bem comum. Pelo Espírito, a um é dada a palavra de sabedoria; a outro, pelo mesmo Espírito, a palavra de conhecimento; a outro, fé, pelo mesmo Espírito; a outro, dons de curar, pelo único Espírito; a outro, poder para operar milagres; a outro, profecia; a outro, discernimento de espíritos; a outro, variedade de línguas; e ainda a outro, interpretação de línguas. Todas essas coisas, porém, são realizadas pelo mesmo e único Espírito, e ele as distribui individualmente, a cada um, como quer.

BÊNÇÃO "Eu posso fazer o que você não pode fazer. Você pode realizar o que eu não posso fazer. Juntos, podemos fazer grandes coisas."

– Madre Teresa

A dupla tarefa dos "Doze"

O livro dos Atos conta como os 12 apóstolos decidiram que a única maneira de realizar mais coisas era fazendo menos tarefas e concentrando-se em alguns esforços essenciais:

> Naqueles dias, crescendo o número de discípulos, os judeus de fala grega entre eles queixaram-se dos judeus de fala hebraica, porque suas viúvas estavam sendo esquecidas na distribuição diária de alimento. Por isso os Doze reuniram todos os discípulos e disseram: "Não é certo negligenciarmos o ministério da palavra de Deus, a fim de servir às

> mesas. Irmãos, escolham entre vocês sete homens de bom testemunho, cheios do Espírito e de sabedoria. Passaremos a eles essa tarefa e nos dedicaremos à oração e ao ministério da palavra." Tal proposta agradou a todos. Então escolheram Estêvão, homem cheio de fé e do Espírito Santo, além de Filipe, Prócoro, Nicanor, Timon, Pármenas e Nicolau, um convertido ao judaísmo proveniente de Antioquia. Apresentaram esses homens aos apóstolos, os quais oraram e lhes impuseram as mãos. Assim, a palavra de Deus se espalhava. Crescia rapidamente o número de discípulos em Jerusalém; também um grande número de sacerdotes obedecia à fé. (Atos 6:1-7)

Por meio dessa passagem, podemos concluir que os líderes não disseram que o trabalho que estavam fazendo não era digno deles. O que alegaram é que não deveriam deixar o ótimo trabalho para fazer o bom trabalho.

Além disso, os 12 apóstolos ponderaram antes de delegar as tarefas e, para realizá-las, escolheram homens que tinham as qualificações certas.

LIÇÃO BÍBLICA SOBRE LIDERANÇA

Faça menos e realize mais

Alguns gerentes se vangloriam de fazerem de tudo. Embora seja bom saber um pouco sobre muitas coisas, não é inteligente fazer um pouco de cada coisa, porque assim você acaba se afastando de sua área de competência. Na verdade, para gerir melhor seu tempo, você deve fazer menos tarefas e realizar mais. Minha recomendação é que gaste mais tempo em menos atividades – aquelas relacionadas à sua área de competência – e obtenha resultados melhores.

Suas prioridades eram a prece contínua e o ministério da palavra.

Depois que realinharam as prioridades, os resultados aumentaram consideravelmente.

BÊNÇÃO Quando o assunto é gestão do tempo, a mensagem mais importante é: não perca o foco! Deixe de fazer muitas coisas bem e passe a fazer menos coisas de maneira excelente.

2ª regra de maximização do tempo: Abra mão de algumas tarefas para se concentrar nas prioridades.

O segundo princípio para gerenciar melhor seu tempo é decidir do que você deve abrir mão. Agora que identificou suas prioridades e assumiu um compromisso com elas, o que deve parar de fazer para realizá-las a cada dia?

Certa vez participei de um treinamento de gestão em que estabelecer prioridades era um dos tópicos. O instrutor sugeriu que, como gerente, uma ótima maneira de usar meu tempo era com sessões diárias de orientação a cada um dos membros da minha equipe. Concordei que aquela era uma boa sugestão, mas ao voltar ao trabalho não consegui colocá-la em prática. Eu sabia o que fazer, mas não conseguia agir. Isso acontecia em parte porque eu não planejava meu dia a dia e também porque não decidia do que deveria abrir mão para ter tempo de orientar a equipe. Eu sabia quais eram minhas prioridades, mas estava insatisfeito comigo mesmo porque não me concentrava nelas.

BÊNÇÃO Adicionar tarefas à sua lista de afazeres não é a chave para se tornar mais eficaz. Primeiro, você deve listar o que "parar de fazer". Só então vai conseguir se concentrar nas prioridades.

LIÇÃO BÍBLICA SOBRE LIDERANÇA

O sogro sabe tudo

Se o seu objetivo primário for determinar quanto trabalho pode fazer, é pouco provável que algum dia você se torne um exímio gestor do tempo. Conseguir que o trabalho seja feito pelos outros é mais importante. Há um limite para o que você pode fazer sozinho, mas o que pode realizar por meio de uma equipe dedicada e competente é quase infinito. Se não fizer a transição vital entre fazer tudo sozinho e realizar mais por meio de seus colaboradores, você trabalhará muito, mas progredirá pouco.

Moisés tinha 80 anos quando Deus o chamou para tirar Seu povo do Egito, mas ele ainda tinha muito a aprender sobre como gerenciar seu tempo. No 18º capítulo do Êxodo, seu sogro, Jetro, lhe dá uma lição sobre o que *não* fazer, enquanto Moisés estava resolvendo pessoalmente disputas entre seu rebanho. O conselho é vital para a liderança:

> No dia seguinte Moisés assentou-se para julgar as questões do povo, e este permaneceu em pé diante dele, desde a manhã até o cair da tarde. Quando o seu sogro viu tudo o que ele estava fazendo pelo povo, disse: "Que é que você está fazendo? Por que só você se assenta para julgar, e todo este povo o espera em pé, desde a manhã até o cair da tarde?"
>
> Moisés lhe respondeu: "O povo me procura para que eu consulte a Deus. Toda vez que alguém tem uma questão, esta me é trazida, e eu decido entre as partes e ensino-lhes os decretos e leis de Deus."
>
> Respondeu o sogro de Moisés: "O que você está fazendo não é bom. Você e o seu povo ficarão esgotados, pois essa tarefa é pesada demais. Você não pode executá-la sozinho. Agora ouça o meu conselho. E que Deus esteja com você!

Seja você o representante do povo diante de Deus e leve a Ele suas questões. Oriente-os quanto aos decretos e leis, mostrando-lhes como devem viver e o que devem fazer. Mas escolha dentre todo o povo homens capazes, tementes a Deus, dignos de confiança e inimigos de ganho desonesto. Estabeleça-os como chefes de mil, de cem, de cinquenta e de dez. Eles estarão sempre à disposição do povo para julgar as questões. Trarão a você apenas as questões difíceis; as mais simples decidirão sozinhos. Isso tornará mais leve o seu fardo, porque eles o dividirão com você. (Êxodo 18:13-22)

BÊNÇÃO Para desenvolver sua capacidade de liderança, você deve parar de confundir atividade com realização e deixar de fazer bem as coisas erradas. Quando é seduzido pelo trivial, você deixa de fazer o essencial.

No início do seu ministério, Jesus teve um desempenho extraordinário e a multidão quis mais. Permanecer lá ou seguir em frente era a questão. Como sua pregação estava apenas começando, deve

LIÇÃO BÍBLICA SOBRE LIDERANÇA

Aprenda a dizer não

"Sábio é aquele que não dedica esforços para questões que não lhe convêm. Mais sábio é aquele que, dentre as coisas que faz bem, escolhe decididamente fazer o melhor." Para tentar se tornar um grande gestor do tempo, você precisa aprender a dizer "não" às tarefas que trazem pouco retorno; "não" ao adiamento; "não" às interrupções; e "não" às pessoas que não têm nada a fazer e que o atrapalham.

ter sido tentadora a ideia de ficar e fascinar a multidão uma última vez antes de partir para o destino seguinte. Mas Jesus conhecia suas prioridades e mantinha-se focado nelas. Ele não deixava que o bom desempenho atrapalhasse o ótimo. Sabia do que teria de abrir mão, como Marcos nos diz no início do seu evangelho:

> Ao anoitecer, depois do pôr do sol, o povo levou a Jesus todos os doentes e os endemoninhados. Toda a cidade se reuniu à porta da casa, e Jesus curou muitos que sofriam de várias doenças. Também expulsou muitos demônios; não permitia, porém, que estes falassem, porque sabiam quem ele era.
>
> De madrugada, quando ainda estava escuro, Jesus levantou-se, saiu de casa e foi para um lugar deserto, onde ficou orando. Simão e seus companheiros foram procurá-lo e, ao encontrá-lo, disseram: "Todos estão te procurando!"
>
> Jesus respondeu: "Vamos para outro lugar, para os povoados vizinhos, para que também lá eu pregue. Foi para isso que eu vim." (Marcos 1:32-38)

Não deixe que coisas fáceis, difíceis, urgentes ou agradáveis atrapalhem suas prioridades à medida que você avança.

BÊNÇÃO Dizer "não" permite que você mantenha o controle do tempo, das prioridades e do progresso.

3ª regra de maximização do tempo: Conheça a vontade de Deus para a sua vida.

A maioria das pessoas desperdiça muito tempo, pois não faz ideia de qual é a vontade de Deus para sua vida. Por isso, correm para lá e para cá ou ficam à deriva sem nenhum sentido de direção, confiando em seus instintos mais do que em Deus. Embora você provavelmente nunca vá ouvir esta pergunta transformadora em um seminário de gestão do tempo, é uma boa ideia fazê-la a si mesmo: "Como posso administrar meu dia e torná-lo mais produtivo sem saber qual é a vontade de Deus?" Resposta: "É impossível."

Declaração de missão de Jesus

Não há registro na Bíblia de que Jesus teve problemas em tomar uma decisão. Também não há indícios de que ele alguma vez tenha hesitado sobre o que fazer ou como agir. Jesus conhecia sua missão e sabia quando tinha que dizer não. Isso fica evidente em João 6:38-40:

> Pois desci dos céus, não para fazer a minha vontade, mas para fazer a vontade daquele que me enviou. E esta é a vontade daquele que me enviou: que eu não perca nenhum dos que ele me deu, mas os ressuscite no último dia. Porque a vontade de meu Pai é que todo aquele que olhar para o Filho e nele crer tenha a vida eterna, e eu o ressuscitarei no último dia.

Duas porções de Deus, uma porção de você

Discernir a vontade pessoal de Deus é mais fácil se você entende Sua vontade providencial e moral.

A vontade providencial de Deus inclui coisas que a Bíblia diz que Ele vai fazer de qualquer maneira. Por exemplo, mandar Cristo para a Terra, aparecer no Dia do Julgamento Final e elevar a nação do Seu povo escolhido são coisas que Ele fez e fará. Você não precisa rezar para que elas aconteçam; elas não dependem da fé nem da obediência, e não há nada que os homens possam fazer para detê-las. Deus usa homens e mulheres como Abraão e Maria para satisfazer Seu desejo providencial. Quanto mais você entender o desejo providencial de Deus, mais facilmente determinará o desejo Dele para a sua vida.

A vontade moral de Deus diz respeito às questões referentes ao modo de agir que podem ser encontradas ao longo da Bíblia, por exemplo: "Devo mentir ou dizer a verdade?", "Devo pagar meus impostos, correr, cometer adultério ou fazer intrigas?". Quanto mais você conhecer a vontade moral de Deus, mais facilmente saberá o que ele quer para a sua vida.

A vontade pessoal Dele diz respeito a questões do tipo "Devo fazer dívidas ou não?", "Aceito este trabalho ou aquele?", "Devo contratar X ou Y?". Quanto mais você estiver familiarizado com a vontade providencial e quanto mais obediente for à vontade moral Dele, mais facilmente descobrirá Sua vontade pessoal. Assim, toda decisão que tomar estará alinhada a um dos princípios de Deus. Quanto mais souber a respeito desses princípios, mais facilmente você reconhecerá a vontade de Deus em qualquer situação.

BÊNÇÃO Os estudiosos da Bíblia tomam decisões melhor do que outras pessoas porque dispõem de um filtro sagrado ao qual podem submeter seus questionamentos.

O COMPROMISSO VEM ANTES DO ENTENDIMENTO

A maioria das pessoas nunca consegue captar o desejo de Deus para sua vida porque quer entender o que Ele lhes reservou e depois decidir se devem se comprometer. Porém, não é assim que funciona. O compromisso deve vir primeiro. À medida que Deus for revelando o caminho certo, você entenderá a escolha. Se não tem certeza do que deveria fazer, é porque provavelmente inverteu a sequência compromisso/entendimento. Nesse caso, reflita sobre estes pontos:

1. Deus não revela Sua vontade para que você delibere, mas para que participe.
2. Você ouvirá Deus quando chegar ao ponto em que disser: "Não me importa o que for, eu aceito."

3. O problema nunca é o fato de Deus não querer revelar Sua vontade a você. A questão é que você não se compromete ou não vai até o fim depois de se comprometer.
4. Deus revela Sua vontade aos poucos para que você possa se aproximar Dele diariamente e depender cada vez menos de si mesmo, a fim de conhecê-Lo melhor.
5. Confie na vontade de Deus e coloque-O em primeiro lugar em todas as áreas da sua vida: "Confie no Senhor de todo o seu coração e não se apoie em seu entendimento; reconheça o Senhor em todos os seus caminhos, e ele endireitará as suas veredas." (Provérbios 3:5-6)

BÊNÇÃO Deus inventou a comunicação e, por isso, é o melhor comunicador do mundo. Ele quer que você conheça Sua vontade ainda mais do que você quer conhecê-la.

4ª regra de maximização do tempo: Busque os dons que você tem, e não os que quer ter.

Não consigo cantar. Na verdade, não tenho esse talento. Portanto, investir minhas energias para tentar melhorar minha voz seria um desperdício de tempo. O fato de eu gostar de cantar não muda essa verdade.

Muitas coisas que você gosta de fazer podem acrescentar pouco ou nenhum valor à empresa em que trabalha. O essencial é que você busque os talentos que tem, e não os que quer ter.

Não ter nenhum dom para o canto não significa que eu não possa melhorar nessa atividade, mas sei que nunca serei um ótimo cantor porque a excelência é impossível sem talento. Eu certamente poderia contratar um especialista para me ensinar técnicas para melhorar minha voz. Mas ele não me ajudaria a me tornar mais talentoso em uma área em que não tenho talento algum. O especialista não pode pôr dentro de mim o que Deus não me deu.

Para ser um bom gestor do tempo você precisa desenvolver e usar os dons que Deus lhe deu – as capacidades que lhe proporcionam mais prazer e que geram o retorno mais significativo para a sua organização.

BÊNÇÃO Toda vez que investe tempo em seus dons, você acelera os resultados. Isso acontece porque é mais fácil construir sobre um alicerce que já está estabelecido do que erguer fundações desde o início na areia movediça da mediocridade.

Use a própria armadura

O 17º capítulo de 1 Samuel relata que, quando estava aconselhando Davi em relação à luta com Golias, Saul o vestiu com a própria armadura e pôs um capacete de bronze em sua cabeça. Os versículos 39 e 40 falam do que aconteceu em seguida: "Davi

LIÇÃO BÍBLICA SOBRE LIDERANÇA

Deus maximizará seus pontos fortes

Ao longo da Bíblia, Deus usa as habilidades, os dons e talentos únicos de homens e mulheres para ajudá-los a realizar grandes feitos, sem nunca incentivá-los a tentar se tornar algo que não são. Tanto Moisés quanto Davi tinham dons pastorais que Deus usou muito em seus papéis de liderança. Mateus conhecia números e dinheiro. Por essa razão, seu evangelho contém mais escritos sobre questões financeiras do que os dos outros. Lucas era historiador e médico. Por isso, seu evangelho é o mais cronológico. Em todos esses casos, Deus responsabilizou Seu povo pelas competências que cada um tinha, e não pelas que não possuíam. Como Ele não muda, você pode ter certeza de que o mesmo vale para você hoje.

prendeu sua espada sobre a túnica e tentou andar, pois não estava acostumado com aquilo. E disse a Saul: 'Não consigo andar com isto, pois não estou acostumado.' Então, Davi a largou."

Ele não podia cumprir sua tarefa tentando ser alguém que não era ou usando dons que não possuía. O mesmo acontece com você. Davi levou as próprias armas para a batalha e você deve seguir seu exemplo. Seja o melhor que puder ser com seus dons únicos. Não desperdice tempo precioso nem oportunidades agindo como outra pessoa. Entre na sua área de competência armado com seus dons e dê o melhor de si.

BÊNÇÃO Se você se mantiver concentrado em realizar suas prioridades e utilizar seus talentos, tornará os dias mais produtivos. Depois, delegue, terceirize ou encontre outra maneira de fazer todo o resto.

Resumo

Os seres humanos desenvolveram seu potencial em ambientes altamente estruturados. Seja você um grande atleta, músico, artista ou homem de negócios, não espere desenvolver seu potencial "improvisando" todos os dias, agindo por instinto e sem planejamento. Sua rotina no trabalho deve ser organizada com base em suas prioridades. Portanto, cuide primeiro das tarefas mais importantes, tire o máximo proveito de seus talentos e não se afaste de sua área de competência se ocupando de tarefas que outros profissionais poderiam realizar. Sem concentração, você cuidará de tarefas triviais, se renderá a todas as emergências, terá baixo desempenho em áreas menos importantes e desperdiçará seu tempo precioso. A Bíblia diz que teremos de responder por cada palavra vã que dissermos. A possibilidade de sermos responsabilizados igualmente pelo tempo que perdemos é um grande incentivo para que incorporemos as quatro regras para maximizar o tempo apresentadas neste capítulo.

Revelação

Apresentei quatro regras que podem ajudá-lo a maximizar diariamente seu maior recurso: o tempo. Para isso, é preciso ter foco e disciplina. Você pode achar que precisa de mais tempo, mas o fato é que não vai obtê-lo. Em vez disso, comece a tirar mais proveito do tempo de que já dispõe.

Exercício prático

Responda às seguintes perguntas da maneira mais específica possível:

1. Em que área você precisa aproveitar melhor o seu tempo?

   ____

2. Liste suas prioridades para esta semana.

   ____

3. Quais são os talentos profissionais exigidos em sua área de competência?

   ____

4. O que você precisa parar de fazer para ficar mais tempo em sua área de competência?

   ____

CAPÍTULO 3

Como superar a principal causa do fracasso gerencial

Gênese

Quanto mais estudo a Bíblia e aprendo sobre humildade, mais percebo como fui arrogante ao longo da vida. Quando criança, eu era distante e crítico e queria que os outros me achassem diferente. Eu seguia o exemplo dos meus pais, que levavam a vida num padrão acima de suas possibilidades e se esforçavam muito para se manter no mesmo nível dos outros. Entreouvi várias conversas nas quais eles reclamavam que mereciam uma vida melhor. Caí cedo na armadilha do orgulho e, décadas depois, ainda luto, muitas vezes sem sucesso, para substituir minha arrogância por um estilo de vida mais humilde. E quanto mais busco humildade, mais me torno consciente de que preciso dela.

Por muito tempo achei que as pessoas humildes eram medrosas e tímidas, que serviam de capacho para aqueles que realizavam grandes feitos do mundo. À medida que fui promovido, eu fingia humildade – "Bem, eu não teria conseguido isso sem a equipe", eu costumava dizer – enquanto acreditava secretamente ser o centro do universo. Eu fazia questão de me vestir melhor do que as outras pessoas, ostentava mais do que profissionais do mesmo nível que eu e usava minha proeza verbal como uma ferramenta para menosprezá-los, e não para inspirá-los. Eu tendia a dizer "Se eu estivesse no comando, as coisas seriam diferentes" e reclamava com minha mulher porque ninguém realmente apreciava o grande trabalho que estava fazendo. Eu costumava dizer que quando saísse da organização e encontrasse alguém que entendesse e reconhecesse minha genialidade, as pessoas iriam cair na real.

Eu gostaria de dizer que muita coisa mudou desde então, mas o orgulho é um problema persistente para mim. Por causa dele, paguei um preço muito alto: perdi dinheiro, velhos e novos amigos, prestígio, a estima dos colegas, oportunidades, a capacidade de impactar os outros, meu amor-próprio, contraí dívidas desnecessárias, me afastei de Deus... Quando me conscientizei da devastação que o orgulho causa nos indivíduos e nas organizações, abandonei algumas das minhas atitudes mais arrogantes, mas um leve ar de superioridade está sempre à espreita, esperando um momento de fraqueza para revelar ao mundo o longo caminho que ainda tenho a percorrer na jornada para me tornar um homem humilde.

O orgulho pode contaminar homens e mulheres de todos os níveis sociais, sejam eles bem-sucedidos ou fracassados, pessoas sem instrução ou especialistas, jovens ou idosos. Por isso, neste capítulo compartilho minhas observações relativas ao orgulho e à humildade, as consequências previstas na Bíblia para ambas as características e os passos para uma pessoa se tornar mais humilde. Espero que você possa aprender com esses ensinamentos, pois a humildade traz paz e crescimento e o prepara para receber maiores bênçãos, favores e graças divinas tanto em sua vida profissional quanto pessoal.

BÊNÇÃO Diferentemente dos outros pecados que o separam de Deus, o orgulho faz com que você O ataque. A independência, o egoísmo e a autoconfiança são uma tentativa de destroná-Lo e elevar si mesmo à posição de seu próprio deus.

Orgulho: o principal culpado

Apresento a seguir algumas das causas que mais levam ao fracasso gerencial. São elas que fazem os líderes perderem sua capacidade de liderar de maneira eficaz. E o principal culpado disso é o orgulho. Ao examinar as causas do fracasso, o denominador comum é sempre o orgulho/arrogância. Na verdade, muitos dos motivos do fracasso gerencial também são as causas de relacionamentos fracassados. Por isso é importante você cultivar a humildade, a fim de reduzir o potencial de fracasso que esse sentimento nocivo pode trazer para todos os aspectos da sua vida.

As 12 causas do fracasso gerencial

1. **Incapacidade de formar uma equipe e assoberbamento.** O orgulho faz com que você se torne dependente demais de si mesmo: você nunca delega, se recusa a dar poder aos outros e toma todas as decisões sozinho. Não é à toa que se sente exausto e que às vezes não é mais tão eficiente. A incapacidade de formar uma equipe demonstra a arrogância do controle porque o orgulho quer controlar as pessoas, ao passo que a humildade quer servir-lhes.
2. **Você não evolui porque não quer mais aprender coisas novas.** O orgulho faz você se sentir confortável com as habilidades e o conhecimento que possui, achando que é um sabe-tudo. A arrogância em relação à inteligência se transforma em ignorância debilitante. Assim, você acaba sendo superado tanto por colegas quanto por concorrentes.
3. **Alta rotatividade em um departamento.** O principal motivo para que os profissionais deixem uma organização é a vontade de fugir de um gerente ruim. Um – ou vários – desses motivos de fracasso gerencial induzidos pelo orgulho contribuirá para que eles decidam ir embora.
4. **Moral baixo em razão da falta de feedback positivo.** A falta de feedback positivo a pessoas com bom desempenho pode resultar em altos níveis de apatia e indiferença dos funcionários. Quando seu ego o impede de dar o devido crédito aos outros, você prejudica o moral, provoca o de-

sânimo e faz com que os funcionários deixem de prestar atenção ao próprio trabalho.

5. **Desconfiança dos funcionários pela recusa em admitir erros.** Depois de perder a confiança dos funcionários, eles param de se engajar e você acaba se conformando com isso. Quando você utiliza diferentes pesos e medidas, não admite erros, não se mantém fiel a compromissos firmados nem cumpre promessas, além de cometer muitas outras falhas de caráter induzidas pelo orgulho, as pessoas deixam de confiar em você.
6. **Relutância em ouvir os outros ou envolvê-los em processos de tomada de decisão.** Quando deixa de ouvir os outros, você os aliena e também começa a desenvolver pontos cegos pessoais. O único motivo para não ouvir os outros é se você não os valoriza, mantendo um comportamento enraizado na arrogância.
7. **Incapacidade de buscar feedback e de fazer ajustes comportamentais.** Essa tendência arrogante frustra tanto as pessoas da sua equipe quanto seus superiores. Ouvir feedback é um bom começo, mas não é suficiente. Buscá-lo, insistir na sua necessidade e então tomar as devidas providências é uma maneira de superar o orgulho que faria com que você desprezasse a opinião dos outros e perdesse a oportunidade de melhorar todos os aspectos do seu desempenho.
8. **Tendência ao egoísmo e ao territorialismo.** Esse comportamento cria dentro de você "a doença do eu", levando-o a atrair inimigos por toda a organização, pondo em questão seus motivos e fazendo com que você perca influência. Essa atitude ofende a Deus e também aos outros e é prejudicial a você por causa das ilusões que alimenta a respeito de si mesmo.
9. **Priorização dos seus planos pessoais em detrimento dos planos da equipe.** O orgulho pode fazer com que

você use uma causa em seu benefício em vez de lutar pelo benefício de uma causa. Ele promove a liderança por meio da conveniência pessoal, e não do exemplo pessoal. Ao priorizar o próprio conforto em detrimento do que é melhor para a equipe, você perde a confiança dos seus seguidores. Quando se torna ambicioso, se promove a todo custo e se coloca na frente da equipe, você pode ter a impressão de que está no caminho mais rápido para o sucesso. Mas, no final, seus motivos deturpados fazem com que você se destrua e ninguém vai lamentar sua derrocada.

10. **Incapacidade de aceitar a responsabilidade por suas ações e seus resultados.** O orgulho faz com que você viva em estado de negação e culpe os outros por seus fracassos. Aja assim por algum tempo e os problemas se tornarão insuperáveis, pois você nunca será capaz de mudar o que não reconhece.
11. **Várias falhas de caráter.** Falhas como mentira, raiva, traição, roubo, luxúria, manipulação das pessoas e utilização de atalhos são provas de orgulho porque você racionaliza o fato de fazer concessões em relação aos meios para atingir um objetivo. Você é convencido por sua arrogância de que está acima da disciplina e dos padrões de comportamento que os outros devem respeitar.
12. **Tendência ao isolamento.** O orgulho pode fazer com que você acredite que não necessita das pessoas ou que não precisa passar um tempo com elas. Perder contato com o capital humano em uma organização, dificultar os relacionamentos em equipe e ser visto como uma pessoa indiferente, preocupada ou inacessível é um caminho inevitável para o fracasso. Você acabará sofrendo uma queda rápida e solitária, e aqueles que tinham você como chefe vão suspirar aliviados quando você for embora.

BÊNÇÃO Nada façam por ambição egoísta ou por vaidade, mas humildemente considerem os outros superiores a vocês mesmos. Cada um cuide não somente dos seus interesses, mas também dos interesses dos outros. (Filipenses 2:3-4)

LIÇÃO BÍBLICA SOBRE LIDERANÇA

O perigo do interesse pessoal

A Bíblia está repleta de histórias de líderes que criaram confusão para os outros e sofreram guiados pelo orgulho e por causa de seus interesses pessoais. Muitas das manchetes atuais nos convencem de que pouco mudou: executivos-chefes de empresas falidas insistem em receber bonificações multimilionárias; parlamentares que aprovam aumentos escandalosos em benefício próprio; astros do esporte que exigem tanto para si mesmos que os dirigentes não são capazes de pagar a outros integrantes o que merecem nem atrair jogadores importantes que poderiam reforçar o time. Apresento a seguir provérbios e histórias baseadas na Bíblia que advertem sobre o perigo do interesse pessoal:

1. Provérbios 27:2: Que outros façam elogios a você, não a própria boca; outras pessoas, não os próprios lábios.
2. Provérbios 14:12: Há caminho que parece certo ao homem, mas no final conduz à morte.
3. Provérbios 25:27: Comer mel demais não é bom, nem é honroso buscar a própria honra.
4. Em Gênesis 13 há o relato de como Abraão deu ao sobrinho Ló a possibilidade de escolher que terra queria e que este, de maneira egoísta, escolheu a melhor para si, embora ficasse próxima das dissolutas Sodoma e Gomorra. O interesse pessoal acabou lhe custando a mesma propriedade que ele havia cobiçado.

5. O interesse pessoal de Salomão fez com que ele afastasse seu coração de Deus ao se casar com 700 mulheres e assumir 300 concubinas! O resultado é que Deus tirou o reino de suas mãos e o deu a seu servo.
6. Atos 5 explica como Ananias e sua mulher, Safira, venderam propriedades para fazer doações à Igreja recém-formada. No entanto, eles conspiraram para reter parte do dinheiro para si mesmos, abrindo um perigoso precedente de interesse pessoal na organização. Quando Pedro os confrontou em relação a seu egoísmo e suas mentiras, Deus os fulminou no lugar onde eles estavam.
7. Talvez Tiago, o meio-irmão de Jesus, tenha sido o que melhor falou sobre essa questão em suas cartas aos primeiros crentes: "Pois onde há inveja e ambição egoísta, aí há confusão e toda espécie de males." (Tiago 3:16)

BÊNÇÃO Um coração motivado pelo interesse pessoal é a barreira mais persistente para se liderar como Jesus – e o orgulho está no âmago do interesse pessoal.

Doze terríveis verdades sobre o orgulho

Agora que você pode relacionar a maioria dos fracassos gerenciais imagináveis diretamente ao orgulho, vamos examinar algumas das terríveis verdades a respeito desse sentimento. Os fatos a seguir devem criar a urgência necessária para que você abandone a postura orgulhosa e passe a agir de maneira mais humilde em todos os aspectos da sua vida.

1. As Escrituras não têm nada de positivo a dizer sobre o orgulho, assim como não prometem nada de positivo para os orgulhosos.

2. A Bíblia afirma claramente que Deus despreza o orgulho, opõe-se aos orgulhosos e os pune. De acordo com os textos sagrados, o orgulho só traz discórdia e muitas outras coisas negativas. Veja Provérbios 3:34; 6:17; 16:18; 13:10 e Malaquias 4:1.
3. O orgulho é um sentimento de origem satânica. Foi o que provocou a queda de Satã enquanto ele reunia um terço dos anjos para se rebelar contra Deus, resultando em sua expulsão do céu. Portanto, o orgulho deve ser considerado satânico porque, mais do que se opor a Deus, ele O ataca.
4. Poucas coisas fornecem mais provas de orgulho do que a ausência de preces. Isso demonstra uma autoconfiança e independência que Deus julga repreensível. Veja Salmos 10:4: "Em sua presunção, o ímpio não o busca; não há lugar para Deus em nenhum dos seus planos." Os líderes empresariais têm muito por que orar: sabedoria, visão, seus funcionários, seus clientes, etc. Você nunca encontrará uma pessoa humilde que não reze com fé, fervor e frequência.
5. Nas Escrituras, assim como a humildade e a obediência estão ligadas, o orgulho e a violência estão relacionados. Veja Salmos 73:6-9.
6. A pessoa movida pelo orgulho diz "Mereço algo melhor" nas mais diversas ocasiões: em relação a uma mesa em um restaurante, à posição da sua cadeira em uma reunião do conselho de administração ou à sua bonificação de fim de ano. A atitude orgulhosa demonstra a ignorância da sua condição espiritual.
7. A maioria das pessoas orgulhosas não reconhece o próprio orgulho. No entanto, essa normalmente é a característica que mais detestam nos outros. Ficamos irritados quando os outros falam infinitamente de si mesmos, se autopromovem ou inflam seu ego, mas nem percebemos quando fazemos a mesma coisa.

8. O orgulho permite que você banalize o que faz com os outros e exagere o que os outros fazem com você. O orgulhoso muitas vezes vive em um profundo estado de negação e atravessa a vida procurando motivos para ficar ofendido.
9. Pessoas orgulhosas são muito críticas e não honram ninguém, nem mesmo Deus. Sentem-se obrigadas a encontrar defeitos, criticar e reclamar, como se ganhassem algo com isso.
10. O orgulho se torna muito destrutivo quando faz você achar que vale mais que os outros e negligenciar ou justificar seus pecados. Isso o deixa cego em relação a suas próprias falhas e à oportunidade de melhorá-las.
11. Não é possível confiar nas pessoas orgulhosas porque elas não dão valor aos compromissos assumidos com os outros. Elas também perdem a confiança de seus líderes porque tendem a se rebelar contra aqueles que estão em posição superior.
12. Os orgulhosos não são gratos pelo que têm. Isso porque deduzem que estão simplesmente recebendo o que lhes é devido. Ao mesmo tempo, o que recebem quase nunca é suficientemente bom.

BÊNÇÃO Um dos princípios mais mal-entendidos dos negócios é: "Nunca se dê por satisfeito." Não se trata de uma autorização para ser ingrato. A compreensão correta dessa frase é que você deve sempre ser grato por aquilo que tem enquanto almeja obter outras coisas.

Remédio para o orgulho: humildade

Depois de tanto ouvir sobre o orgulho, está na hora de você conhecer qual o melhor remédio para combatê-lo: a humildade. Essa é uma qualidade que deve ser cultivada durante a vida toda. Quando começa a pensar que é humilde, no fundo você não é.

BÊNÇÃO Para entender o que significa esquecer o orgulho e viver humildemente, você deve estudar a vida de Cristo. Na única passagem bíblica em que descreve as próprias características, Jesus diz:

> Venham a mim todos os que estão cansados e sobrecarregados, e eu darei descanso a vocês... Tomem sobre o meu jugo e aprendam de mim, pois sou manso e humilde de coração, e vocês encontrarão descanso para as suas almas. (Mateus 11:28-29)

Oito maneiras de cultivar a humildade

1. **Lembre que você não é superior a ninguém.** Da próxima vez que estiver pronto para criticar ou se sentir superior a alguém de alguma maneira, adote a atitude do cobrador de impostos em Lucas 18:13: "Deus, tem misericórdia de mim, que sou pecador." Recitar esse versículo pode torná-lo humilde perante Deus e os homens.

   Você também pode julgar se se considera uma pessoa grandiosa avaliando como trata os demais à sua volta, como a recepcionista da empresa, o garçom, o garoto que vende balas no sinal da sua rua, o novo funcionário, o pessoal da limpeza, etc. A humildade é a avaliação correta de si mesmo.

   Se Jesus Cristo pôde se ajoelhar e lavar os pés de seus seguidores, você também pode tratar com consideração as pessoas que trabalham com você, deixando que elas saibam que você precisa mais delas do que elas de você.

2. **Não tenha uma aparência ou um comportamento antipático.** No local de trabalho, você não deve atrair a atenção pelo modo como se veste, pelas joias que usa ou pela maneira como arruma seu cabelo, e sim por seu caráter, sua competência e coerência. Aqueles que não possuem essas qualidades muitas vezes recorrem a outros subterfúgios para desviar a atenção do seu fraco desempenho.

Tanto no trabalho como em casa, viva para chamar atenção e glória para Deus, e não para si mesmo. De acordo com Isaías 48:11, Deus não está interessado em dar ou compartilhar Sua Glória com você: "Não darei minha glória a nenhum outro." Como diria o empresário americano Thomas Watson: "O homem orgulhoso é o alvo no qual Deus atira. E Ele nunca erra o alvo."

3. **Não seja pretensioso.** Agir de maneira arrogante e pretensiosa pode dar a entender que você espera que outra pessoa tome a iniciativa, seja para se desculpar, se apresentar a você, pedir a conta no almoço, se oferecer para fazer mais do que o esperado, fazer um sacrifício, etc. Siga o conselho em Tiago 4:10: "Humilhem-se diante do Senhor, e Ele os exaltará."
4. **Não seja insolente nem contestador.** As pessoas insolentes buscam problemas. Dão tudo para se envolver em uma briga. Por causa disso, acabam destruindo a si mesmas. Lembre-se sempre das promessas em Provérbios 3:34: "Ele zomba dos zombadores, mas concede graça aos humildes." Essas duas promessas são tão poderosas que tanto Tiago quanto Pedro as citaram em seus evangelhos.
5. **Não insista em fazer as coisas sempre do seu jeito.** As pessoas humildes nunca são inflexíveis, a não ser no que diz respeito aos seus valores. Ser teimoso e obstinado, insistindo em fazer as coisas do seu jeito, é um sinal de orgulho. Ao manter a flexibilidade e dar aos outros a oportunidade de tomar decisões, apresentar ideias, resolver os próprios problemas e fazer as coisas do jeito delas, você cria à sua volta um muro de humildade que o orgulho terá dificuldade em penetrar. "Nada nos afasta mais do alcance do diabo do que a humildade", disse o teólogo americano Jonathon Edwards.
6. **Respeite a autoridade.** Respeite seu chefe, mesmo que não goste dele, e seu governo, mesmo que não tenha votado

em quem está no poder. Lembre que, embora Saul tenha tentado matar Davi, este ficou de luto pela sua morte e sentenciou à morte o homem que matara o rei ungido por Deus (2 Samuel 1:1-15). Cristo pagava impostos às autoridades, ao mesmo governo que ele sabia que o mataria. E Paulo escreveu: "Deem a cada um o que lhe é devido: se imposto, imposto; se tributo, tributo; se temor, temor; se honra, honra." (Romanos 13:7)

Assim como se espera que os líderes sejam humildes, o mesmo se aplica aos seguidores. Respeite o trabalho árduo dos seus líderes, dê-lhes apoio, siga a direção por eles indicada, ajude-os a carregar seu fardo e não tente mudá-los ou criticá-los posteriormente. No entanto, se seu líder pede que você faça algo que viola as leis de Deus, lembre-se de temer a Deus mais do que aos homens, mas enfrentar a questão da maneira que Paul prescreveu em sua carta a Timóteo:

> Ao servo do Senhor não convém brigar, mas, sim, ser amável para com todos, apto para ensinar, paciente. Deve corrigir com mansidão os que se lhe opõem, na esperança de que Deus lhes conceda o arrependimento, levando-os ao conhecimento da verdade, para que assim voltem à sobriedade e escapem da armadilha do Diabo, que os aprisionou para fazerem a sua vontade. (2 Timóteo 2: 24-26)

7. **Busque e seja aberto a instruções bíblicas, reprovações, repreensões e críticas construtivas.** Use os críticos para ajustar seu estilo de liderança e sua capacidade em todas as áreas da vida e aproveite suas reclamações ou críticas construtivas para aprimorar todos os aspectos da sua organização. Assim como os 80 mil lenhadores lixaram as pedras para que elas se encaixassem perfeitamente enquanto os operários construíam o Templo de Salomão, deixe que seus

próprios "lenhadores" aparem suas arestas e o aperfeiçoem a fim de que você se torne um líder melhor em todos os aspectos da vida.

A seguir, apresento quatro versículos que o ajudarão a colocar isso em prática:

"Repreendo e disciplino aqueles que amo. Por isso, seja diligente e arrependa-se." (Apocalipse 3:19)

"Todo o que ama a disciplina ama o conhecimento, mas aquele que odeia a repreensão é tolo." (Provérbios 12:1)

"Quem despreza a disciplina cai na pobreza e na vergonha, mas quem acolhe a repreensão recebe tratamento honroso." (Provérbios 13:18)

"Nenhuma disciplina parece ser motivo de alegria no momento, mas sim de tristeza. Mais tarde, porém, produz fruto de justiça e paz para aqueles que por ela foram exercitados." (Hebreus 12:11)

8. **Aprenda a receber.** Cultivar a humildade é mais do que dar: é deixar o orgulho de lado para também poder receber. Muitos cristãos são ávidos para fazer algo pelos outros, mas têm dificuldade em permitir que retribuam o favor, nunca percebendo que sua incapacidade de receber está enraizada no orgulho. Aprender a receber é permitir que alguém o ajude com uma tarefa, pedir ajuda em seu trabalho, deixar que alguém pague a conta e se sentir à vontade quando um amigo lhe dá um presente de Natal sem que você tenha comprado nada para ele.

No 13º capítulo de João, enquanto está lavando os pés dos discípulos, Jesus dá a Pedro uma lição sobre como receber:

> Chegou-se a Simão Pedro, que lhe disse: "Senhor, vais lavar os meus pés?"
>
> Respondeu Jesus: "Você não compreende agora o que estou fazendo a você; mais tarde, porém, entenderá."

Disse Pedro: "Não; nunca lavarás os meus pés!"

Jesus respondeu: "Se eu não os lavar, você não terá parte comigo."

Respondeu Simão Pedro: "Então, Senhor, não apenas os meus pés, mas também as minhas mãos e a minha cabeça!"

Rhonda, minha mulher, é muito generosa. Mas sempre teve dificuldade para pedir ou receber ajuda, pois faz de tudo para não incomodar ninguém. O que a ajudou a se aprimorar ao longo dos anos é o entendimento de que, ao não deixar que os outros façam algo por ela, ela está roubando a bênção que acompanha o ato de dar.

BÊNÇÃO Eis uma prece, escrita pelo evangelista escocês Andrew Murray, que vale a pena memorizar e repetir diariamente.

Querido Deus, em Sua grande bondade, faça com que eu saiba me livrar de todas as formas de orgulho, seja de espíritos maléficos ou da minha própria natureza corrompida, e desperte em mim a mais profunda e verdadeira humildade que pode me tornar digno de Sua luz e do Seu Espírito Santo.

LIÇÃO BÍBLICA SOBRE LIDERANÇA

Perigo quando se chega ao topo

Depois de anos prestando consultoria a líderes empresariais, descobri que eles ficam mais propensos a fazer algo imprudente logo após uma grande vitória. É como se, ao chegar ao sucesso, você se sentisse indestrutível, autoconfiante e orgulhoso e assim descuidasse das principais áreas que tornam a organização bem-sucedida. Você para de ouvir os outros, começa a contar mais com a própria sabedoria e se esquece de Deus, até sua tolice levá-lo a cometer um erro e você clamar novamente por Ele.

A Bíblia está repleta de exemplos de líderes que, assim que chegaram ao auge do sucesso e enquanto estavam no ponto alto de suas carreiras, após uma importante conquista, cometeram erros. A história mostra que, na escalada do sucesso, muitos líderes baixam a guarda e abandonam o caráter e a disciplina que os ajudaram a chegar ao topo. Os exemplos a seguir contêm advertências para líderes bem-sucedidos que desejam manter e aumentar seu sucesso em vez de viver na inconstância gerada pelo orgulho ou pela arrogância.

Sansão: Era o homem mais forte do mundo. Recebera o dom da força para ajudar a libertar seu povo dos filisteus, mas o usou de forma egoísta para os próprios fins. Uma de suas grandes vitórias aconteceu quando ele matou mil inimigos com a queixada de um jumento. Após a vitória, ele estava com sede e Deus o atendeu, fendendo a cova de Leí, da qual jorrou água. No auge da sua luta e feliz pela vitória, Sansão foi a Gaz, se esqueceu de Deus e dormiu com uma prostituta. A maior fraqueza dele era a luxúria. Muitos líderes hoje estão no mesmo barco e parecem se afastar do bom caminho exatamente no momento em que têm mais a perder. (Juízes 15:14-16:1)

Josafá: Contra todas as probabilidades e apenas com a ajuda do seu Criador, o rei Josafá acabara de obter uma vitória decisiva e inesperada sobre um inimigo muito mais poderoso, que trouxe serenidade e paz para seu reino. Ele estava no auge! Mas logo se esqueceu de Deus e confiou na própria sabedoria. Decidiu se aliar ao malvado rei Ocozias e combater Társis. Como consequência de sua insensata associação com um corrupto, suas obras foram destruídas. (2 Crônicas 20:2-37)

Saul: Saul foi o primeiro rei de Israel e acabara de ter garantida a vitória contra Amalec. Tudo o que precisava fazer ao voltar era seguir as ordens de Deus e destruir todos eles e tudo o que eles tinham, para que nunca mais atrapalhassem o povo escolhido. Depois de ter vencido a batalha, Saul decidiu que não destruiria tudo, mas guardaria uma boa quantidade de animais "bons" para si mesmo e deixaria que o rei conquistado vivesse. Essa rebelião e a arrogância quando estava no auge plantaram as sementes para sua rejeição como rei de Israel. (1 Samuel 15:1-26)

Os líderes precisam de mais ajuda e orientação espiritual quando estão no auge do que quando estão em situações difíceis. Talvez seja por isso que Jesus, depois de alimentar os 5 mil, se retirou imediatamente em uma montanha para rezar (Marcos 6:46). Daí a pergunta: após uma grande vitória, o que você faz, vai para o bar ou se ajoelha?

As experiências podem ser incríveis quando se está no auge. Mas é nessa hora que, sem saber, muitos líderes costumam se tornar orgulhosos, impulsivos e corruptos, plantando as sementes para seu declínio. Fique atento a esse abismo e resolva agir melhor para exercer sua liderança por longo tempo.

Resumo

Infelizmente, a natureza humana nos faz crer que muitos dos que lerem este capítulo agirão com mais humildade, mas, em segredo, permanecerão orgulhosos. Suas palavras e seus gestos serão próprios de quem cultiva a humildade, mas não passarão de aparências. Em seu íntimo, eles se parabenizam e se vangloriam por se acharem melhores do que o sujeito ao lado e pelo menos um pouco mais espertos do que todos os outros.

E você? Quer ganhar fama ou realmente ser humilde? Está disposto a dar crédito aos outros, ou distorce um pouco os fatos para ganhar mais crédito do que deveria? E quanto aos seus motivos? Poucas coisas são mais reveladoras da humildade ou não de uma pessoa do que o *motivo* pelo qual ela fez algo. Você agiu daquela maneira principalmente para ajudar a equipe, ou para se promover? Teria alguma importância para você se ninguém tivesse notado seu esforço extra contanto que você soubesse que dera tudo de si? Você trabalhou por Deus ou pelos homens?

Como foi apresentado neste capítulo, não há motivação maior para acabar com seu orgulho e cultivar a humildade do que entender plenamente o que Deus tem a dizer sobre esses dois assuntos. Ele odeia o orgulho e se opõe aos orgulhosos, ao passo que concede graças aos humildes, além de honra, riquezas e vida. C. J. Mahaney escreveu: "Ao contrário da crença popular e falsa, não são aqueles que 'ajudam a si mesmos' que são ajudados por Deus, mas os que assumem uma posição de *humildade*."

Revelação

Mostrei, neste capítulo, que muitas causas do fracasso gerencial atribuídas a outros motivos estão firmemente enraizadas no orgulho. Expressei com as palavras do próprio Deus o que Ele acha do orgulho. Sem dúvida, boa parte do nosso sucesso, no trabalho e fora dele, depende da humildade. Na verdade, todos os nove frutos do Espírito listados no quinto capítulo de Gálatas têm como raiz essa qualidade.

No entanto, hoje em dia muitas pessoas têm medo de se mostrar humildes no trabalho. Acreditam que isso as tornará tímidas e que os outros as considerarão fracas. Pelo contrário, a humildade requer grande força. Não é à toa que os líderes mais admirados foram pessoas bastante humildes: Madre Teresa, Gandhi e Jesus. Mas eles não eram tímidos, fracos ou fáceis de serem derrotados. Sua força e sua capacidade de liderar estavam ancoradas na ausência de interesse pessoal e na disposição de fazer os outros evoluírem, mesmo que tivessem que se diminuir para isso. Todos eles seguiam – no caso de Gandhi, até mesmo sem perceber – a recomendação para a liderança eficaz apresentada em Miqueias 6:8: "Ele mostrou a você, ó homem, o que é bom e o que o Senhor exige: pratique a justiça, ame a fidelidade e ande humildemente com o seu Deus."

Exercício prático

1. Examine novamente as 12 causas do fracasso gerencial no início deste capítulo. Qual delas mais prejudica seu desempenho? Qual dos sete passos apresentados você pode aplicar mais rapidamente para cultivar a humildade? Liste pelo menos três coisas que seu orgulho lhe custou em sua vida pessoal. Como demonstrar mais humildade nessas áreas?
2. Quais das 12 causas do fracasso gerencial mais afetam seu(s) maior(es) líder(es)? Como você pode orientá-lo(s) para superar essa falha?

CAPÍTULO 4

Cinco passos para construir um caráter sólido como a rocha

Gênese

Pode-se entender o caráter como firmeza moral, reputação, ou as qualidades coletivas ou características, mentais e morais, que distinguem uma pessoa ou coisa. Os líderes têm o privilégio de influenciar muitas pessoas, por isso precisam ter um caráter sólido como a rocha. Muitas falhas de caráter têm origem nas questões de orgulho discutidas no capítulo anterior. Pessoas orgulhosas podem se iludir e acreditar que estão acima das regras e da lei. Outras falhas resultam da falta de cuidado, do uso de atalhos e do desejo de gratificação imediata.

Não é raro ver pessoas talentosas e bem-sucedidas se prejudicarem por causa de questões de caráter. Elas fazem escolhas ruins, e estas são um componente importante das questões mentais e morais que formam nosso caráter e nos distinguem como seres humanos. As falhas de caráter se manifestam das mais diversas maneiras. Por exemplo: integrantes do governo que sonegam impostos, candidatos que aceitam contribuições ilícitas para suas campanhas eleitorais, atletas que utilizam substâncias proibidas para melhorar seu desempenho nas competições, executivos que recebem bonificações altíssimas de empresas que levaram à falência. Todos nós estamos sujeitos ao mesmo tipo de julgamento falho se não nos empenharmos continuamente para construir um caráter que tenha como base valores justos e escolhas corretas.

Ao examinar minha carreira e minha vida pessoal, percebo que, durante os períodos em que meu mundo estava de cabeça para baixo, isso acontecia porque eu não estava agindo da forma correta. E não se pode ser ingênuo: o fato de ir à igreja, ler a Bíblia ou rezar todo dia não significa que você está fazendo as coisas certas. Existe uma grande distância entre saber e fazer o que é certo. Enquanto esse hiato existir, você não conseguirá construir um caráter que o torne um líder eficaz e duradouro.

Neste capítulo, vou tratar de cinco áreas nas quais os líderes costumam falhar em questões de caráter. Existem dezenas de outras que eu poderia acrescentar à lista, mas escolhi essas cinco porque são tratadas com leviandade por muitos líderes ou nem são consideradas falhas quando comparadas a deslealdades como roubo, abuso de substâncias e adultério. Você verá que algumas das decisões que sugiro que você tome em relação a essas cinco escolhas de caráter se contrapõem ao senso comum no implacável mundo da concorrência empresarial. No entanto, o entendimento do que a Bíblia tem a dizer sobre essas questões "menores" deverá encorajá-lo a melhorar sua visão geral em relação a elas e a orientar sua equipe a fazer o mesmo.

1. Não conte mentirinhas inocentes

Alguma vez você já instruiu sua secretária ou outra pessoa da equipe a dizer a alguém que você não estava no escritório, embora na verdade estivesse? Se já fez isso, você é um mentiroso. Não fique na defensiva! Você talvez diga que isso não passou de uma mentirinha inocente. Mas eu o desafio a encontrar na Bíblia um trecho no qual Deus aprove mentiras de qualquer tipo. Como acontece com muitos pecados, se você começar a racionalizá-los para justificar seus atos menos graves, logo começará também a justificar infrações sérias que causam grandes erros de julgamento, que, por sua vez, têm consequências devastadoras para a sua vida.

Se você começar a classificar as mentiras como inocentes ou deslavadas, talvez também seja o caso de categorizar diferentes níveis de roubo na empresa. Você poderia dizer que, se alguém leva para casa material de escritório, envia correspondência pessoal junto com a da empresa ou faz cópias para uso pessoal utilizando a máquina da companhia, está fazendo apenas desfalques inocentes. Fatos são fatos. De acordo com a Bíblia, se você diz uma mentira de qualquer tipo, é um mentiroso e não vai querer ter essa reputação, pois Satã é considerado o "pai das mentiras".

BÊNÇÃO Cada um de vocês deve abandonar a mentira e falar a verdade ao próximo, pois todos somos membros de um mesmo corpo. (Efésios 4:25)

LIÇÃO BÍBLICA SOBRE LIDERANÇA

A mentira de Davi mata 85

Em 1 Samuel 21-22:9, você lerá a respeito das consequências drásticas da mentirinha inocente que Davi contou ao sacerdote Aquimelec. Faminto e fugindo do rei Saul, ele disse ao sacerdote que estava a serviço do rei – uma mentirinha que acreditou não prejudicar ninguém – e pediu cinco pães. O homem atendeu seu pedido e também deu a ele a velha espada de Golias, que Davi levou consigo na fuga. Quando descobriu que Aquimelec ajudara Davi, Saul o acusou de conspiração e ordenou que fosse morto. Como consequência da mentirinha inocente de Davi, 85 sacerdotes foram assassinados. É por isso que *todas* as mentiras são sérias: você não tem como saber que consequências terão, que impacto causarão nos outros ou o custo que podem ter agora ou no futuro.

"Diga simplesmente que..." – cuidado com essa frase

Examine as ocasiões em que você recorreu a mentiras inocentes para resolver alguma questão. Existem três palavras que devem adverti-lo de que você está se metendo em encrenca: "Diga simplesmente que..." São vários os exemplos de mentirinhas que começam assim: "Diga simplesmente que a oferta já expirou." "Diga simplesmente que não estamos contratando no momento." "Diga simplesmente que não estou me sentindo bem." Quando usa essa frase, normalmente você está se preparando para contar uma mentira. E se alguém mandar você falar algo desse tipo, faça um grande favor a essa pessoa respondendo da seguinte forma: "Isso não é verdade. O que devo dizer realmente?" Para construir um caráter sólido como uma rocha, siga estas recomendações:

1. Diga a verdade mesmo quando não for fácil ou conveniente.
2. Diga a verdade porque é correto, agrada a Deus, protege sua integridade pessoal e honra todos os que ouvem o que você diz, em vez de diminuí-los.
3. Jamais peça a alguém para pecar por você, instruindo os outros a mentir em seu nome. Isso é um abuso de poder, de posição e do seu relacionamento e pode destruir seu testemunho como cristão.

BÊNÇÃO "Quem é fiel no pouco, também é fiel no muito, e quem é desonesto no pouco, também é desonesto no muito." (Lucas 16:10)

2. Mantenha seus compromissos

Muitos líderes fazem promessas casuais, entre as quais algumas que nunca pretendem cumprir: "Ligo para você mais tarde e conversamos sobre esse assunto." "Se continuar fazendo um bom trabalho, vamos pensar em você para a próxima vaga de gerência." Eles pretendem manter os compromissos, mas recuam quando o preço a pagar fica alto demais. Não veem problema em justificar a quebra da promessa dizendo que "as coisas mudaram".

Falo por experiência própria e me arrependo de ter agido assim. Eu havia me comprometido a dar um curso sobre liderança em Moscou duas vezes por ano, durante três anos. A iniciativa se mostrou um sucesso e centenas de líderes compareceram aos primeiros seminários. No entanto, a equipe que me recebeu lá estava desviando dinheiro tanto da organização que promovia os eventos como de mim. Quando pedimos explicações, eles alegaram não saber de nada e prometeram adotar medidas mais rígidas para garantir que aquilo não se repetisse. Na minha quinta ida à cidade, o problema voltou a acontecer e decidi que não voltaria mais. Fiquei indignado e acreditei que o fato de não completar o sexto seminário serviria de lição. Porém, ao tomar essa decisão, eu quebrava o compromisso que tinha firmado três anos antes. Eu deveria ter mantido minha palavra, embora a situação tivesse se tornado desagradável ou custosa para mim. É isso que a Bíblia diz em Salmos 15:4: "...que mantém a sua palavra, mesmo quando sai prejudicado...".

Portanto, faça o prometido, quando e como você prometeu fazê-lo, mesmo que a situação se torne mais custosa, inconveniente ou demorada do que você previa.

BÊNÇÃO Como nuvens e ventos sem chuva é aquele que se gaba de presentes que não deu. (Provérbios 25:14)

Josué 10:5-10 conta a história de como os cinco reis amoritas decidiram atacar Gabaão em retaliação por ter feito as pazes com Josué e Israel. Em pânico, os gabaonitas enviaram emissários a Josué pedindo que ele honrasse sua palavra e fosse protegê-los. Àquela altura, ele poderia ter dito: "Vocês trapacearam e me enganaram para que os protegesse. Portanto, a promessa que fiz

LIÇÃO BÍBLICA SOBRE LIDERANÇA

Lembre-se de fazer o que Josué não fez

O nono capítulo de Josué trata de como os gabaonitas o enganaram para que ele não destruísse a cidade deles e os defendesse dos inimigos. Quando descobriu que havia sido ludibriado, ele não usou a mentira alheia como desculpa para quebrar a própria promessa. Em vez disso, honrou o compromisso que firmara, a despeito do que isso lhe custaria. No entanto, Josué 9:14 apresenta uma lição que você pode aplicar antes de se comprometer com qualquer coisa: "Os israelitas examinaram as provisões dos heveus, mas não consultaram o Senhor." Rezar para ter sabedoria antes de dar sua palavra, em vez de confiar no próprio instinto, é uma boa estratégia para não se meter em situações das quais você implorará para que Deus o tire mais tarde.

é nula!" Mas, fiel à sua promessa, Josué reuniu seus homens e foi defendê-los. Eles foram lautamente recompensados por terem mantido seu compromisso, pois encontraram os exércitos amoritas vulneráveis. Portanto, embora tivesse cometido o erro de não procurar Deus antes de concordar em defender os gabaonitas, ao manter seu compromisso Josué foi recompensado com a oportunidade de vencer o inimigo.

Cortar custos é quebrar uma promessa?

Em tempos de crise econômica, os líderes empresariais podem ficar tentados a fazer concessões de caráter a fim de poupar alguns trocados. Eles começam a desfazer acordos que levam seu nome – um nome que foi aceito e considerado honorável pela outra parte. Com a desculpa de "economizar", renegam promessas aos clientes, fornecedores e funcionários. Se nos bons tempos você firmou compromissos com seu banco que não pode mais pagar, pese cuidadosamente tanto o custo legal como o moral de não honrar sua palavra. Cortar despesas é necessário e compreensível, mas quebrar promessas não. É algo que rebaixa e diminui tanto a empresa como o ser humano. Para construir um caráter sólido como a rocha, faça o seguinte:

1. Analise os custos. Antes de se comprometer com qualquer coisa, certifique-se de que você pode viver com a pior hipótese do que está aceitando fazer. Entenda que não há "pequenos" compromissos para a pessoa com a qual você está se comprometendo!
2. Busque a sabedoria de Deus antes de decidir. Peça a opinião de conselheiros de confiança que não têm nada a ganhar ou perder com sua decisão.
3. Vá até o fim. Faça o que disse que faria, a despeito do custo.

BÊNÇÃO "Qual de vocês, se quiser construir uma torre, primeiro não se assenta e calcula o preço, para ver se tem dinheiro suficiente para completá-la? Pois, se lançar o alicerce e não for capaz de terminá-la, todos os que a virem rirão, dizendo: 'Este homem começou a construir e não foi capaz de terminar'." (Lucas 14:28-30)

3. Vá um pouco além do que exigem de você

A maioria das pessoas não consideraria falha de caráter fazer apenas o que lhes é exigido, mas os textos bíblicos indicam o contrário. Infelizmente, muitos gerentes com os quais conversei disseram que grande parte de seus funcionários faz apenas o suficiente para viver, ser paga e não ser demitida. Por essa razão, os profissionais que vão além de suas atribuições são muito valorizados. Eles fazem o que é exigido deles e mais um pouco. Em qual das duas descrições você se encaixa: um profissional que faz apenas o suficiente ou aquele que ultrapassa as expectativas e vai além? Se você faz somente o que exigem de você, é bem provável que seus seguidores sigam seu exemplo. Por outro lado, se vai além, provavelmente atraiu, inspirou e está retendo pessoas com as mesmas características.

Tenho vários amigos bem-sucedidos nos negócios que não se julgam mais espertos do que os outros profissionais. Eles creditam o sucesso à sua dedicação, ao esforço extra que empreendem. Perceberam que, fazendo o que os outros não estavam dispostos a fazer e empenhando-se além do esperado, era possível se destacar e alcançar o sucesso.

BÊNÇÃO "O que as suas mãos tiverem que fazer, que o façam com toda a sua força, pois na sepultura, para onde você vai, não há atividade nem planejamento, não há conhecimento nem sabedoria." (Eclesiastes 9:10)

BÊNÇÃO Ao fazer o suficiente, você satisfaz uma obrigação. Ao ir além, conquista o direito de testemunhar e influenciar.

Que diferença faz um quilômetro

Havia uma animosidade declarada entre as autoridades romanas e seus súditos judeus. A situação piorou ainda mais quando foram criadas leis determinando que um judeu carregasse para um soldado romano uma carga pesada por mais de um quilômetro. Imagine então a perplexidade diante do ensinamento de Jesus, que dizia que eles deveriam carregá-la por dois quilômetros! O soldado e o judeu provavelmente conversariam muito pouco ao longo da primeira parte do percurso. Mas isso mudaria após o soldado ser surpreendido com a oferta do judeu de continuar a carga por mais um quilômetro. O judeu não seria mais visto como um mero servo, e sim como um amigo, e eles começariam a conversar. O judeu, então, teria

LIÇÃO BÍBLICA SOBRE LIDERANÇA

Jesus declarou que o suficiente NÃO é o bastante

Os cristãos que acreditam que realizar apenas o que estão sendo pagos para fazer é suficiente ouvirão um chamado para ir mais além em Lucas 17:7-10: "Qual de vocês, tendo um servo que esteja arando ou cuidando das ovelhas, lhe dirá, quando ele chegar do campo: 'Venha agora e sente-se para comer'? Ao contrário, não dirá: 'Prepare o meu jantar, apronte-se e sirva-me enquanto como e bebo; depois disso você pode comer e beber'? Será que agradecerá ao servo por ter feito o que lhe foi ordenado? Assim também vocês, quando tiverem feito tudo o que for ordenado, devem dizer: 'Somos servos inúteis; apenas cumprimos o nosso dever.'" Se você faz apenas o que lhe é exigido, seu desempenho não tem nada de especial, nem é digno de elogios. Esse padrão, segundo o qual seu comportamento deve ser julgado, não considera esforço extra uma opção, mas o torna obrigatório para qualquer profissional que deseje liderar de acordo com os preceitos mais elevados de Cristo.

a chance de explicar o ensinamento que aprendera com Jesus e, por isso ter mudado sua vida, o soldado estaria disposto a ouvir mais. Ao ir além do que era esperado dele, o judeu conseguiria ser ouvido, o que lhe permitiria influenciar as autoridades. O mesmo vale para você, a despeito da posição que ocupa na organização. Você pode fazer mil discursos sobre trabalho árduo e dedicação, mas eles nunca terão o mesmo impacto de quando você vai além do exigido e percorre uma jornada mais longa, porque as pessoas, em vez de ouvirem seu sermão, poderão vê-lo em ação.

Para construir um caráter sólido como a rocha, siga estas recomendações:

1. Aceite a ideia de que todo dia você faz menos do que poderia realizar e se torna menos do que realmente é – tanto para você mesmo quanto aos olhos dos outros.
2. Adote a premissa de Gálatas 6:9: "E não nos cansemos de fazer o bem, pois no tempo próprio colheremos, se não desanimarmos."
3. Perceba que, para progredir, talvez falte apenas dar um telefonema, desenvolver uma habilidade ou fazer um esforço extra. Você deve aproveitar ao máximo as oportunidades que lhe aparecem e levar a vida sem arrependimentos.

BÊNÇÃO Tudo o que fizerem, façam de todo o coração, como para o Senhor, e não para os homens, sabendo que receberão do Senhor a recompensa da herança. É a Cristo, o Senhor, que vocês estão servindo. (Colossenses 3:23-24)

4. Não dê falsas impressões

Não faltam maneiras de dar falsas impressões: publicar anúncios enganosos, fazendo com que as pessoas acreditem que vão conseguir algo que não terão; manipular os outros para levá-los a pensar que você contribuiu mais para uma tarefa a fim de ganhar crédito indevido; encobrir um erro para escapar de uma punição justificada; iludir o candidato a um emprego para que ele pense que a função, o salário ou a empresa são melhores do que realmente são; usar linguajar floreado para esconder a verdade; omitir fatos, etc. Muitas vezes, dar a alguém uma impressão falsa é quase o mesmo que mentir. Muitas pessoas levam a vida agindo assim. Acham que, ao fazerem isso, vão impressionar os amigos na escola ou no trabalho, encobrindo fatos sobre o bom ou o mau desempenho dos outros para obter favores. Segundo a Bíblia, você não pode se comportar dessa maneira e esperar que Deus abençoe algum aspecto da sua vida, nem seus negócios.

BÊNÇÃO "Quem pratica a fraude não habitará no meu santuário; o mentiroso não permanecerá na minha presença." (Salmos 101:7)

> **LIÇÃO BÍBLICA SOBRE LIDERANÇA**
>
> **Hipócritas fracassados**
>
> Jesus reservou algumas de suas palavras mais duras para os escribas e fariseus, que davam falsas impressões. Ele afirmou que, por se tratar de líderes religiosos, a condenação deles era ainda maior. No 23º capítulo de Mateus, Jesus fez sete vezes sérias advertências aos fariseus hipócritas. Eis uma delas:
>
> "Ai de vocês, mestres da lei e fariseus, hipócritas! Vocês são como sepulcros caiados: bonitos por fora, mas por dentro estão cheios de ossos e de todo tipo de imundície. Assim são vocês: por fora parecem justos ao povo, mas por dentro estão cheios de hipocrisia e maldade." (Mateus 23:23-28)
>
> Salmos 34:13-14 diz claramente que é ruim dar impressões falsas e que você deve deixar essas práticas para trás se quiser administrar sua vida e seus negócios de acordo com a Bíblia. Evite o mal e pratique o bem, procure a paz e siga-a.

Chega de respostas indefinidas

Às vezes, para se resguardar, um líder fica em cima do muro e dá uma resposta imprecisa em vez de ir direto ao ponto. Veja o que a Bíblia tem a dizer a respeito disso.

> Seja o seu "sim", "sim", e o seu "não", "não"; o que passar disso vem do Maligno. (Mateus 5:37)

Paulo disse em 2 Coríntios 1:19-21: "Pois o Filho de Deus, Jesus Cristo, pregado entre vocês por mim e também por Silvano e Timóteo, não foi 'sim' e 'não', mas nele sempre houve 'sim'; pois quantas forem as promessas feitas por Deus, tantas têm em Cristo o 'sim'. Por isso, por meio dele, o 'Amém' é pronunciado por nós para a glória de Deus."

Então, por que dar uma resposta que pode ser interpretada tanto como sim quanto como não? Ela pode deixar uma falsa impressão naquele que fez a pergunta. As pessoas muitas vezes ouvem o que querem e, se você não for claro, elas podem presumir algo que não é o que você pretendia dizer. Isso pode acabar gerando em você amargura e ressentimento, sobretudo se as pessoas acharem que você as enganou. As respostas dúbias devem ser reavaliadas de tempos em tempos enquanto você tenta tomar uma decisão final. Por isso são uma perda de tempo e energia. Então, o que você deve dizer quando alguém faz uma pergunta delicada ou sobre algo que você não sabe exatamente como responder? Não responda! É muito melhor dizer que você quer pensar a respeito do que dar uma falsa impressão que pode criar dissabores e mal-entendidos.

Para construir um caráter sólido como a rocha, recomendo o seguinte:

1. Interrompa qualquer publicidade enganosa que você esteja mostrando. Se não tem certeza se a publicidade é enganosa ou não, ela provavelmente é.
2. Pare de distorcer o feedback que você dá para fazer com que os outros achem que estão se saindo melhor ou pior do que realmente estão.
3. Não iluda candidatos a emprego ou funcionários a respeito de compensação, promoção, planos para o futuro e coisas do gênero.

BÊNÇÃO Se você deu falsas impressões aos outros, siga o conselho contido em Tiago 5:16: "Portanto, confessem os seus pecados uns aos outros e orem uns pelos outros para serem curados."

5. Reconcilie-se e perdoe imediatamente

Homens de negócios competitivos muitas vezes guardam rancor. Eles nutrem esse sentimento por funcionários que cometem erros e pelos que deixam a empresa. Mostram ressentimento pelos concorrentes que têm desempenho melhor, pelos colegas de trabalho que os enganam e pelas pessoas que não os apoiam nem valorizam seus esforços profissionais. Alguns se esforçam para se reconciliar, ao passo que outros continuam rancorosos até o fim da vida. Algumas vezes, uns esperam que os outros se reconciliem com eles. Em muitos casos, a pessoa se reconcilia, mas nunca perdoa de verdade. Jesus deixou clara a necessidade de nos reconciliarmos rapidamente:

> Portanto, se você estiver apresentando sua oferta diante do altar e ali se lembrar de que seu irmão tem algo contra você, deixe sua oferta ali, diante do altar, e vá primeiro reconciliar-se com seu irmão; depois volte e apresente sua oferta. (Mateus 5:23-24)

A urgência que Cristo recomenda é por uma boa causa: se você tem algo contra outra pessoa, ou ela contra você, isso acabará alimentando a amargura, o ressentimento e a raiva, e o levará ao pecado. Eu gostaria de ter seguido esses conselhos há muitos anos e me reconciliado com meus pais. Minha mãe e eu tivemos uma relação difícil. Como sua saúde estava piorando e eu não passava muito tempo com ela por causa das minhas viagens, senti uma forte compulsão para fazer as pazes com ela na última noite que passei em sua casa. Estávamos só nós dois na sala. O momento era perfeito. Eu queria lhe dizer que lamentava pelos ressentimentos que havíamos carregado e que queria recomeçar do zero, pois a amava. Mas não saí do lugar. Aquele instante passou, outras pessoas entraram na sala e eu decidi que falaria com ela na manhã seguinte, antes de ir para o aeroporto. Mas de manhã tive que fazer as malas e sair apressadamente, pois o aeroporto era muito distante da casa dos meus pais. Então decidi que falaria com ela no domingo seguinte, quando eu telefonasse. Mas, no sábado, minha mãe morreu. A culpa que carreguei após sua morte foi ainda maior do que o ressentimento e a amargura que senti durante os anos em que ficamos distantes. É por isso que as palavras em Mateus 5:23-24 fazem tanto sentido e que Jesus insiste para que todos sigam esse ensinamento.

Todos nós temos algo para acertar na vida: dar um telefonema para um amigo distante, escrever uma carta para um parente ou visitar o filho de quem há muito tempo não temos notícia. Não importa quem foi tratado injustamente. Dê o primeiro passo para resolver a questão. Você talvez tenha que engolir seu orgulho, mas não deixe que ele o impeça de ter uma consciência clara e de obedecer à palavra de Deus. Não importa como o outro vai reagir à sua reconciliação, porque você não está fazendo isso somente por causa dele. Está fazendo isso por sua própria alma e, ao demonstrar obediência, levará glória a Deus.

BÊNÇÃO Perdoe rapidamente. Reze pelas qualidades que aparentemente estão faltando às pessoas que continuam a magoá-lo e deixe que Deus cuide delas.

BÊNÇÃO Perdoar não significa se livrar das consequências. Jesus perdoou Judas por tê-lo traído, mas o tormento e a culpa de Judas o levaram a cometer suicídio.

Pare de perseguir a cobra

Se uma cobra venenosa o morder, o que você deve fazer primeiro: matá-la ou remover o veneno? Muitos líderes optam por perseguir a cobra a fim de matá-la, sem perceber que suas ações só fazem com que o veneno se espalhe mais rapidamente, acele-

LIÇÃO BÍBLICA SOBRE LIDERANÇA

A incapacidade de perdoar é uma tortura

É estranho, mas muitas pessoas acham que estão indo à forra ou magoando os outros quando guardam rancor ou deixam de perdoar. Isso não é verdade. Se você age assim, está matando a si mesmo! Pense na parábola do servo implacável relatada em Mateus 18:23-35:

> Por isso, o reino dos céus é como um rei que desejava acertar contas com seus servos. Quando começou o acerto, foi trazido à sua presença um que lhe devia uma enorme quantidade de prata. Como não tinha condições de pagar, o senhor ordenou que ele, sua mulher, seus filhos e tudo o que ele possuía fossem vendidos para pagar a dívida.
>
> O servo prostrou-se diante dele e lhe implorou: "Tem paciência comigo, e eu pagarei tudo." O senhor daquele servo teve compaixão dele, cancelou a dívida e o deixou ir.
>
> Mas, quando aquele servo saiu, encontrou um de seus conservos, que lhe devia cem denários. Agarrou-o e começou a sufocá-lo, dizendo: "Pague-me o que me deve!"
>
> Então o seu conservo caiu de joelhos e implorou-lhe: "Tenha paciência comigo, e eu pagarei."
>
> Mas ele não quis. Antes, saiu e mandou lançá-lo na prisão, até que pagasse a dívida. Quando os outros servos, companheiros dele, viram o que acontecera, ficaram muito tristes e foram contar ao seu senhor tudo o que havia acontecido.
>
> Então o senhor chamou o servo e disse: "Servo mau, cancelei toda a sua dívida porque você me implorou. Você não devia ter tido misericórdia do seu conservo como eu

tive de você?" Irado, seu senhor entregou-o aos torturadores, até que pagasse tudo o que devia.

Assim também fará meu Pai celestial a vocês, se cada um não perdoar de coração a seu irmão.

Jesus disse ainda em Mateus 6:12: "*Perdoa as nossas dívidas, assim como perdoamos os nossos devedores.*"

Perdoar alguém lhe trará motivação, pois você também será perdoado dos seus próprios pecados e não será entregue aos seus carrascos, como está na parábola. Os carrascos aos quais Jesus se refere são as doenças da alma: o medo, a raiva, a amargura, a culpa, o ressentimento e a luxúria. As pessoas que não perdoam carregam essas aflições, que roubam sua alegria, sua paz e seu amor.

Jesus nos instrui a perdoar de coração. Isso não significa desculpar ou aceitar como certo o que a pessoa lhe fez. Significa libertar a amargura e o ressentimento que você sente em relação àquela pessoa. Você não alimenta mais esses sentimentos nem deseja mal a ela. Significa que você confia que Deus vai acertar as contas, se elas precisarem ser acertadas, pois, embora gratuito, o perdão não sai barato. Há consequências que todos nós sofremos por aquilo que fazemos, a despeito de sermos perdoados ou não pelas pessoas que ofendemos.

rando sua morte. O mesmo vale para aqueles que não perdoam. Em vez de remover o veneno e exercitar o perdão, eles perseguem a cobra e deixam que o veneno se espalhe, exacerbando sua própria tortura interna. Mas não se esqueça: ao fazer isso, você não está ferindo a cobra, está matando a si mesmo!

Talvez este seja o momento apropriado para fazer um inventário dos rancores que está guardando das pessoas em relação às quais você está ressentido e com as quais deve se reconciliar. Não importa se a ofensa aconteceu há muito tempo. Se você ainda carrega o ressentimento, ele está afetando seu desempenho mais do que você pode imaginar. Deixe isso de lado. Perseguir a cobra é uma corrida que você não tem como vencer.

Para construir um caráter sólido como a rocha, recomendo o seguinte:

1. Dê um fim às ofensas passadas. Identifique as desculpas que você deve pedir e para quem e aja rapidamente!
2. Pratique o perdão. Perceba que cabe à pessoa espiritualmente mais madura dar o primeiro passo para uma reconciliação.
3. Se alguém continua a ofendê-lo ou magoá-lo, reze para que essa pessoa consiga obter as qualidades que parecem lhe faltar. Isso faz parte da promessa bíblica de perdoar seus inimigos e ser abençoado em troca.

BÊNÇÃO Quanto ao mais, tenham todos o mesmo modo de pensar, sejam compassivos, amem-se fraternalmente, sejam misericordiosos e humildes. Não retribuam mal com mal, nem insulto com insulto; ao contrário, bendigam; pois para isso vocês foram chamados, para receberem bênção por herança. (1 Pedro 3:8-9)

Resumo

Você conta mentirinhas inocentes? Mantém seus compromissos? Faz mais do que o estritamente necessário? Dá respostas diretas e claras? É capaz e está disposto a se reconciliar e a perdoar rapidamente do fundo do coração? Essas não são perguntas retóricas. As respostas ajudarão a moldar a sua essência como líder e a determinar se o seu alicerce pessoal está construído sobre areia ou pedra.

Revelação

Para muitos de vocês, o quinto passo – a reconciliação e o perdão imediato – será o mais difícil. Afinal de contas, quantas vezes vocês disseram ou ouviram a seguinte observação: "Nunca vou perdoar a maneira como ele...", ou "Nunca vou perdoá-la por...", ou até mesmo "Perdoo, mas não esqueço". Na verdade, a frase "Perdoo, mas não esqueço" provavelmente significa que você nunca realmente perdoou de coração e ainda guarda amargura em relação à outra pessoa. Sem dúvida, as trincheiras dos negócios fornecem muitas oportunidades para que um líder fique amargurado: vendas perdidas; falta de reconhecimento; culpa atribuída injustamente; um colega, fornecedor ou cliente que mente ou o difama, etc. Mas talvez o rancor mais perigoso e o veneno mais insidioso seja aquele que guarda para si mesmo. Você não consegue perdoar os erros passados, as oportunidades perdidas, um lance ruim, o emprego errado ou decisões desastrosas. Pode estar se torturando pelo mesmo motivo pelo qual não consegue perdoar os outros – ir à forra e fazê-los sofrer um pouco mais. "Pare de perseguir a cobra" também funciona quando a cobra é você, quando suas feridas foram causadas por você mesmo, quando você é seu pior inimigo, quando ninguém o deteve e você encontrou um jeito de se autodestruir. Alguns não falariam com o pior inimigo da maneira como falam a si mesmos: "Sou muito idiota!", "Estraguei tudo outra vez!", "Joguei fora minha vida!", "Não faço nada certo!". Se é isso que você diz quando fala consigo mesmo, está na hora de parar e dar um tempo! Você nunca será capaz de construir relacionamentos fortes se não aprender a conviver consigo mesmo! A maior reconciliação que talvez precise fazer é com você. Faça isso e acabe com a tortura.

Exercício prático

Com as cinco possíveis questões de caráter listadas, faça o seguinte:

1. Identifique aquelas que você precisa se empenhar para eliminar.

   ____

   ____

2. Liste um passo que você vai dar em cada área para resolver essa falha.

   ____

   ____

3. Liste a(s) maior(es) falha(s) de caráter do(s) seu(s) principal(is) líder(es).

   ____

   ____

CAPÍTULO 5

Cinco princípios determinantes para aumentar suas habilidades interpessoais

Gênese

Jesus era popular. Caminhava lentamente por entre as multidões e estabelecia uma conexão com os outros. Fazia perguntas, satisfazia suas necessidades e demonstrava compaixão e preocupação, mantendo uma mentalidade servidora durante todo o seu ministério. Ele destacou três fatores críticos para o sucesso que você deve seguir para desenvolver ótimas habilidades interpessoais: importar-se genuinamente com as pessoas, valorizá-las em vez de dar valor às suas atividades e aprender a ser eficiente com as coisas, mas eficaz com as pessoas. Os cinco princípios apresentados neste capítulo o ajudarão a aumentar suas habilidades interpessoais.

O orgulho e a arrogância são dois dos fatores que inibem o desenvolvimento de habilidades interpessoais. De fato, se seu estilo for agressivo, é bem provável que você seja egoísta. O amor por si mesmo faz com que não se importe muito com os outros. Se essa descrição se aplica a você, passe a ser mais afetuoso e a dar mais importância às pessoas. É essencial ter boas habilidades interpessoais para administrar sua empresa de acordo com a Bíblia. Elas podem ajudá-lo a construir relacionamentos profissionais mais sólidos, elevar o moral da sua organização, reforçar o trabalho em equipe e reter funcionários.

Como líder, você tem a responsabilidade de impactar os outros de maneira positiva e ajudá-los a alcançar seu potencial.

Mas você só poderá tirar o máximo proveito dessa oportunidade se tiver as habilidades interpessoais necessárias para fazer seus funcionários se tornarem seguidores engajados, em vez de meros cumpridores de normas. Sem essas características, você provavelmente dependerá de regras, e não de relacionamentos, para executar as tarefas, e obterá apenas resultados medíocres. Infelizmente, os chefes que não se relacionam com os funcionários acabam fazendo com que eles se sintam mais como empregados do que como pessoas. Esses líderes se ocupam demais com aspectos administrativos, optando por se dedicar a relatórios, esmiuçar números e enviar longas diretrizes por e-mail. Eles mantêm apenas relacionamentos superficiais com os funcionários porque não os valorizam realmente como indivíduos. Costumam ver as pessoas como autômatos necessários à realização do trabalho, um meio para um fim chamado *lucro*. Embora seja importante, a busca pelo lucro não deve transformar seus funcionários em vítimas no aspecto relacional. Na verdade, você descobrirá que, quanto mais amar o dinheiro, menos valorizará seus funcionários.

O fato de os cristãos poderem assumir uma perspectiva ineficaz e insalubre em relação às pessoas no local de trabalho vai totalmente de encontro à atitude que Cristo disseminou ao interagir com os outros. Devemos seguir seu exemplo servindo aos outros, ensinando o que precisam aprender e satisfazendo suas necessidades. A boa notícia é que, com determinação e dedicação, ótimas habilidades interpessoais *podem* ser desenvolvidas. Quando seu coração estiver na direção certa, seus motivos forem puros e sua mentalidade for humilde, você estará pronto para aprender e aplicar os cinco princípios determinantes para aumentar suas habilidades interpessoais que serão apresentados neste capítulo. Ao longo desse processo, você se tornará mais carismático, respeitado e estimado, o que fará com que seus funcionários parem de agir automaticamente e comecem a se mostrar interessados.

1. NÃO FALE DEMAIS

Três das lições mais importantes que aprendi são: relacionamentos são construídos com base nos diálogos, e não em monólogos; grandes líderes privilegiam a escuta, ao passo que líderes medíocres monopolizam a conversa; e as pessoas não se comprometem com você quando o entendem, elas fazem isso quando se sentem compreendidas, e a única maneira de isso acontecer é fechar sua boca e ouvir o que elas têm a dizer.

Ao restringir seu impulso para falar demais, você fica menos propenso a dizer algo tolo, negligente, vanglorioso ou pecaminoso. "Quando são muitas as palavras, o pecado está presente, mas quem controla a língua é sensato." (Provérbios 10:19)

É mais provável que você seja considerado sensato e inteligente. Antes da sua próxima reunião, lembre-se de Provérbios 17:27: "Quem tem conhecimento é comedido no falar, e quem tem entendimento é de espírito sereno."

Além disso, são menores as chances de você causar algum constrangimento a si mesmo, como está explicado em Provérbios 18:13: "Quem responde antes de ouvir comete insensatez e passa vergonha."

Mesmo depois de ter decidido ouvir mais e falar menos, você deve utilizar as seguintes estratégias:

1. Ouça atentamente para entender e não para responder. As pessoas notam quando você está ansioso que elas terminem para que possa começar a falar. Aprenda a prestar atenção a tudo o que dizem. Pergunte o que for necessário para esclarecer o assunto e não dê opinião até ter certeza de que ouviu tudo o que a outra pessoa tinha a dizer.
2. Não interrompa as pessoas nem termine as frases por elas. Além de falta de educação, isso é falta de respeito. Embora Jesus conhecesse os pensamentos das pessoas antes que elas os expusessem, não há registro de nenhuma

situação em que ele tenha interrompido alguém no meio de uma frase.

3. Não roube o alimento do ego dos outros. Quando alguém está falando com você a respeito de algo que tenha feito bem ou que tenha dado certo, não roube a cena falando de algo melhor que você – ou outra pessoa – fez. Quando os 70 seguidores de Cristo voltaram de suas missões para contar a Jesus que haviam conseguido expulsar demônios em Seu nome, ele não disse "Ah, sorte de iniciante!", mas regozijou-se com eles. (Lucas 10:18-19)

BÊNÇÃO Lembre que, ao se comunicar, menos é mais. Quando tira o foco de si mesmo e se concentra nas outras pessoas, você desenvolve habilidades interpessoais carismáticas. Quem não tem carisma só olha para si mesmo, ao passo que os indivíduos altamente carismáticos se concentram nos outros.

Aprenda a liderar com perguntas

Ao subir os degraus da liderança, você é pago principalmente para encontrar as respostas certas. No entanto, quanto mais alto o patamar de liderança que atingir, maior será o retorno em aprender a fazer as perguntas certas. Perguntas estimulam o engajamento das outras pessoas, demonstram que você se importa com elas e que tem humildade.

"Onde você acha que posso contribuir mais?", "Como posso ajudar a empresa a ter mais sucesso?", "O que posso fazer para aprimorar o trabalho em equipe?", "Como posso incrementar os negócios?", "O que posso fazer para que os novos contratados se engajem mais rapidamente?". Esses são alguns exemplos de perguntas eficazes que aprimoram suas habilidades interpessoais e o ajudam a estimular o engajamento dos outros profissionais na sua equipe.

Ao fazer perguntas, você tem oportunidade de praticar a escuta, que lhe dá a chance de praticar o silêncio, que lhe dá tempo de pensar antes de responder. E, ao fazer isso, você dará uma resposta mais sensata e valiosa e estará menos propenso a dizer algo que exigirá desculpas mais tarde.

BÊNÇÃO "Quem não consegue mais ouvir seu irmão logo também deixará de ouvir Deus."

– Dietrich Bonhoeffer, teólogo e membro da resistência alemã antinazista

Você atrairá mais pessoas sendo um ouvinte atento do que falando demais. Ao engajar os outros, você se torna mais influente, aumenta seu carisma e adquire confiança, transformando-se numa pessoa cativante.

2. Não contabilize erros

É difícil demonstrar que você valoriza alguém se repara apenas nos erros, transgressões e fracassos alheios, repassando-os em sua mente enquanto lembra aos outros que eles são humanos. O orgulho também fará você registrar os favores que fez para alguém e as ocasiões em que a pessoa não retribuiu. "Eu o levei de carro até lá quatro vezes e ele só pagou a gasolina uma vez", "Comprei para ela um presente caro de aniversário, mas ela só me deu flores", "Indiquei a ele três clientes, mas ele só me mandou um cara que não gastou nem um tostão". Ao contabilizar erros, você está construindo uma base para o ressentimento que o afasta cada vez mais dos outros, dificultando a conexão com eles e quase impossibilitando a construção de um relacionamento.

BÊNÇÃO "Cada um dê conforme determinou em seu coração, não com pesar ou por obrigação, pois Deus ama quem dá com alegria." (2 Coríntios 9:7)

LIÇÃO BÍBLICA SOBRE LIDERANÇA

Deixe que Deus contabilize

No Livro do Deuteronômio, Deus ordena que Seus líderes e Israel sigam o exemplo de Sua generosidade e benevolência e determina que, a cada sete anos, os israelitas deveriam cancelar as dívidas de seus concidadãos. Se, além de fazer isso, demonstrassem benevolência e perdão e cuidassem dos pobres, Ele favoreceria suas terras proporcionando colheitas abundantes e acabando com as invasões. A ordem de Deus nos faz lembrar da natureza da verdadeira liderança. Não desperdice energia mantendo um registro do que as pessoas fazem de certo ou de errado. Deus está atento a tudo. Algumas pessoas são avarentas quando se trata de doar seu tempo, dinheiro, recursos e conselhos porque acham que, se forem generosas, sobrará menos para elas. Porém, da mesma forma que sua luz é multiplicada e não diminuída quando uma vela acende outra, seu impacto e sua influência como líder se expande quando você oferece o tempo, a atenção, o respeito, a consideração e os recursos necessários para desenvolver sua equipe.

BÊNÇÃO "Levem os fardos pesados uns dos outros e, assim, cumpram a lei de Cristo." (Gálatas 6:2)

"Não se deixem enganar: de Deus não se zomba. Pois o que o homem semear, isso também colherá." (Gálatas 6:7)

Quando você fizer algo pelos outros, faça sobretudo para se manter obediente a Deus. Não se preocupe com quem notou sua ação nem com quem vai se lembrar dela. Deus vê tudo e não se esquece de nada. Parte do seu aprimoramento em servir aos outros está em esquecer o serviço prestado.

3. Não julgue

Muitas vezes, os cristãos podem ser críticos e retraídos e ter dificuldade em estabelecer uma conexão com as outras pessoas no trabalho. Imagine tentar desenvolver boas habilidades interpessoais e influenciar os outros se a sua postura é a de julgá-los e condená-los, em vez de mostrar compaixão, entendimento e entrosamento. Como você estabelece uma ligação com aqueles que talvez não compartilhem dos seus valores? Não julgue os outros, nem aponte seus erros. Não faça alarde de suas próprias disciplinas espirituais, nem tente convencer alguém a se tornar cristão.

De alguma maneira, muitos cristãos acham que, se deixarem de apontar as falhas dos outros, estarão aprovando o estilo de vida deles. Mas isso não é verdade! Todos os que o conhecem sabem o que você não faz ou não faria. Portanto, não julgue os não cristãos por seu comportamento. Na verdade, você deve esperar um comportamento falho dos cristãos que se comportam mal e não dos incrédulos, como Paulo assinalou em 1 Coríntios 5:9-13:

> Já disse por carta que vocês não devem associar-se a pessoas imorais. Com isso não me refiro aos imorais deste mundo nem aos avarentos, aos ladrões ou aos idólatras. Se assim fosse, vocês precisariam sair deste mundo. Mas agora estou escrevendo que não devem associar-se a qualquer que, dizendo-se irmão, seja imoral, avarento, idólatra, caluniador, alcoólatra ou ladrão. Com tais pessoas vocês nem devem comer.

Paulo indica claramente que você deve esperar mais dos outros cristãos do que dos incrédulos. Ele também recomenda que você se concentre mais na humilde tarefa de julgar a si mesmo do que os outros: "Mas, se nós tivéssemos o cuidado de examinar a nós mesmos, não receberíamos juízo." (1 Coríntios

11:31) Ele também escreve: "Examinem-se para ver se vocês estão na fé; provem a vocês mesmos. Não percebem que Cristo Jesus está em vocês? A não ser que tenham sido reprovados!" (2 Coríntios 13:5)

Quando você tiver a oportunidade de falar a alguém da sua fé, não seja imperativo, complexo nem acadêmico. Em vez disso, simplesmente relate o que Cristo significa para você, como o conheceu e como sua vida mudou desde que o colocou no centro da sua existência. Seja verdadeiro. Se não esconder seus temores, dúvidas, fraquezas e lutas, as pessoas saberão que você é sincero. Essa transparência atrai os outros, dá a você a chance de influenciá-los e impactá-los e o torna muito mais eficaz em suas relações interpessoais.

Para aumentar seu carisma no trabalho, seja mais extrovertido: cumprimente os outros com uma atitude animada, esteja sempre pronto a ouvi-los, ofereça-lhes conselhos e ajude-os sempre que precisarem de você. Não seja um desmancha-prazeres que está sempre circulando com um olhar condescendente e julgando as pessoas menos espiritualizadas. Você deveria rezar diariamente para que os outros, ao verem o que você faz e ouvirem o que diz, enxerguem menos você e mais Jesus. Foram a compaixão e a atenção de Cristo que atraíram os outros para ele. Imite seu exemplo e você atrairá e desenvolverá uma equipe que o seguirá por toda parte, em qualquer situação.

Para aprimorar suas habilidades interpessoais, você deve usar a tentação de julgar aspectos da vida alheia como um alerta para, antes de mais nada, buscar algo parecido na sua vida e corrigir a si mesmo. Depois verifique seus motivos antes de aconselhar ou corrigir a pessoa e certifique-se de que seu feedback se baseia em discernimento e tem como objetivo a cura, em vez de se basear em julgamento e ter como objetivo a culpa. Você também pode dar àquele que está prestes a ser julgado o benefício da dúvida, pensando o melhor dele, e não o pior.

LIÇÃO BÍBLICA SOBRE LIDERANÇA

Não julgue os outros sem antes julgar a si mesmo

Será que, ao considerar alguém preconceituoso, você mesmo não está lutando com um preconceito? Se uma pessoa orgulhosa o incomoda de alguma maneira, não será talvez porque ela o faz lembrar a própria arrogância? Quando você critica alguém por perder a calma, não será porque o comportamento dele o lembra as vezes em que você agiu da mesma maneira? Ao encontrar um manipulador, será que você não fica com raiva porque ele o faz lembrar alguma situação na qual você achou necessário manipular os outros? Será que a incapacidade de alguém em admitir um erro não o deixa nervoso porque você se sente culpado pelas vezes em que encobriu algo e por sua tendência a pôr a culpa nos outros? A resposta mais apropriada e sincera a todas essas perguntas provavelmente é "sim".

Jesus tinha um conselho sábio a respeito dessa tendência:

> Não julguem, para que não sejam julgados. Pois da mesma forma que julgarem, vocês serão julgados; e a medida que usarem também será usada para medir vocês.
>
> Por que você repara no cisco que está no olho do seu irmão e não se dá conta da viga que está em seu olho? Como você pode dizer ao seu irmão: "Deixe-me tirar o cisco do seu olho", quando há uma viga no seu? Hipócrita, tire primeiro a viga do seu olho, e então você verá claramente para tirar o cisco do olho do seu irmão." (Mateus 7:1-5)

A viga e o cisco mencionados nesse trecho são entendidos como pecados idênticos, que diferem apenas no grau. Com base nessas palavras, Cristo está tentando dizer para não tentar ajudar os outros com suas deficiências evidentes? Nada disso. Ele está dizendo que você não deve julgá-los por causa dessas deficiências. Quando tentar "ajudar", é importante assumir o papel de um médico, não o de um juiz. O médico cura. O juiz condena. O médico remove habilmente o cisco de um olho para que a pessoa possa enxergar com clareza. O juiz diz de quem é a culpa. Na verdade, alguns gerentes usam a culpa como principal ferramenta motivacional, sem perceber que não se trata de forma alguma de uma motivação, mas de uma manipulação.

Os versículos de 2 Samuel 12:1-7 falam sobre como Natã, o profeta, foi mandado pelo Senhor para contar ao rei Davi uma parábola sobre um homem rico, com muitos rebanhos, que se recusou a alimentar um viajante, mas pegou e matou a única ovelha de um homem pobre para que a carne fosse preparada para seu convidado. Davi sentiu muita raiva do homem rico e disse a Natã: "Juro pelo nome do Senhor que o homem que fez isso merece a morte! Deverá pagar quatro vezes o preço da cordeira, porquanto agiu sem misericórdia." Em seguida, Natã disse a Davi: "Você é esse homem!" Natã usou a parábola para condenar Davi pelo pecado de ter mandado matar Urias para ficar com sua mulher, Betsabá. Ao ouvir isso, Davi se arrependeu e declarou: "Pequei contra o Senhor." (2 Samuel 12:13)

BÊNÇÃO Se você condena as pessoas e a maneira como agem, não conseguirá estabelecer uma conexão com elas. Também não poderá influenciá-las se evitar se relacionar com elas. Você consegue exercer impacto sobre as pessoas dando energia e atenção ao que vocês têm em comum, não ao que têm de diferente. Encontre o mínimo comum entre vocês e se dedique 100% a isso.

Veja como os outros podem ser, não apenas como eles são, e perceba que sua tarefa como líder é ajudá-los a superar esse diferencial.

4. Controle sua atitude e suas emoções

Enquanto aprimora suas habilidades interpessoais, você precisa lembrar que ninguém consegue ser persuasivo quando trata os outros asperamente. As pessoas têm dificuldade em apoiá-lo se você vive gritando, resmungando, perdendo a cabeça, intimidando ou agindo de maneira insensata. Os líderes devem ser mais maduros emocionalmente, mais comedidos e mais corteses do que seus seguidores.

A despeito do que aconteça, você é responsável pelo seu modo de reagir. Embora talvez não seja capaz de controlar a provocação ou a situação, você continua sendo responsável pela reação que possa ter. É por isso que é errado dizer: "Você me tirou do sério" ou "Aquela reunião me tirou do sério". Nada pode tirar você do sério. É você quem escolhe ter ou não uma atitude ruim. Para aprimorar suas habilidades interpessoais, você precisa melhorar suas escolhas em relação ao que acontece diretamente com você e com aqueles à sua volta.

BÊNÇÃO "O homem paciente dá prova de grande entendimento, mas o precipitado revela insensatez." (Provérbios 14:29)

"A sabedoria do homem lhe dá paciência; sua glória é ignorar as ofensas." (Provérbios 19:11)

BÊNÇÃO "Melhor é o homem paciente do que o guerreiro, mais vale controlar o seu espírito do que conquistar uma cidade." (Provérbios 16:32)

Cinco provérbios para melhorar sua atitude

1. O primeiro dos cinco provérbios é um aviso. Ele deve ajudá-lo a ter mais autocontrole:

   > Como a cidade com seus muros derrubados, assim é quem não sabe dominar-se. (Provérbios 25:28)

LIÇÃO BÍBLICA SOBRE LIDERANÇA

Uma escolha ruim custou a Moisés a Terra Prometida

Moisés liderou a nação de Israel para fora do Egito e a manteve unida por 40 anos enquanto seu povo caminhava, na esperança de entrar na Terra Prometida, mas foi proibido por Deus de completar sua missão. Por quê? Desobediência e dúvida causadas por sua falta de controle.

> Não havia água para a comunidade, e o povo se juntou contra Moisés e contra Arão. Discutiram com Moisés e disseram: "Quem dera tivéssemos morrido quando os nossos irmãos caíram mortos perante o Senhor! Por que vocês trouxeram a assembleia do Senhor a este deserto, para que nós e os nossos rebanhos morrêssemos aqui? Por que vocês nos tiraram do Egito e nos trouxeram para este lugar terrível? Aqui não há cereal, nem figos, nem uvas, nem romãs, nem água para beber!"
>
> Moisés e Arão saíram da assembleia para a entrada da Tenda do Encontro e se prostraram com o rosto em terra, e a glória do Senhor lhes apareceu. E o Senhor disse a Moisés: "Pegue a vara, e com o seu irmão Arão reúna a comunidade e diante desta fale àquela rocha, e ela verterá água. Vocês tirarão água da rocha para a comunidade e os rebanhos beberem."
>
> Então Moisés pegou a vara que estava diante do Senhor, como este lhe havia ordenado. Moisés e Arão reuniram a assembleia em frente da rocha, e Moisés disse: "Escutem, rebeldes, será que teremos que tirar água desta rocha para dar a vocês?" Então Moisés ergueu o braço e bateu na rocha duas vezes com a vara. Jorrou água, e a comunidade e os rebanhos beberam.

> O Senhor, porém, disse a Moisés e a Arão: "Como vocês não confiaram em mim para honrar minha santidade à vista dos israelitas, não conduzirão esta comunidade para a terra que dou a vocês." (Números 20:2-12)

Alguns podem se perguntar por que tanta confusão. Não parece ser muito grave o fato de Moisés ter batido duas vezes na rocha, em vez de falar com ela como fora instruído por Deus. Ele havia seguido as instruções de Deus e bateu na rocha no 17º capítulo do Êxodo para obter água em condições semelhantes. Será que não tinha o direito de reagir com raiva aos seguidores resmungões e duvidosos? Claro que não. O descontrole emocional de Moisés gerou desobediência e dúvida. E, como Deus espera mais de Seus líderes, Moisés sofreu várias consequências graves por causa de sua escolha ruim. Deus permitiu que ele escalasse uma montanha e vislumbrasse a Terra Prometida na qual tentara entrar por 40 anos, mas não permitiu que guiasse seu povo até lá.

2. O segundo vale para situações de tensão:

   > A resposta calma desvia a fúria, mas a palavra ríspida desperta a ira. A língua dos sábios torna atraente o conhecimento, mas a boca dos tolos derrama insensatez. (Provérbios 15:1-2)

3. O terceiro é um lembrete para que você escolha suas batalhas e um encorajamento para que não lute com porcos para não se sujar:

   > Não responda ao insensato com igual insensatez, do contrário você se igualará a ele. (Provérbios 26:4)

4. O quarto provérbio estabelece o impacto que as pessoas podem causar no seu estado emocional:

> Não se associe a quem vive de mau humor, nem ande em companhia de quem facilmente se ira; do contrário, você acabará imitando essa conduta e cairá em armadilha mortal. (Provérbios 22:24-25)

5. O quinto provérbio fala de um benefício importante para aqueles que têm uma ótima atitude:

> Todos os dias do oprimido são infelizes, mas o coração bem-disposto está sempre em festa. (Provérbios 15:15)

BÊNÇÃO **Que atitude você vai escolher para começar cada dia: "Bom dia, Deus!" ou "Meu Deus! Que dia!"?**

A qualidade das suas habilidades interpessoais será determinada em grande parte por sua atitude em relação às pessoas e às situações. Nunca se esqueça de que essa atitude é uma escolha que terá impacto direto na sua liderança. Para ter maior controle das reações emocionais e estabelecer um contato mais eficaz com seus seguidores, siga o conselho de Tiago 1:19: "Meus amados irmãos, tenham isto em mente: Sejam todos prontos para ouvir, tardios para falar e tardios para irar-se."

5. Ame o próximo

Você só será capaz de aprimorar suas habilidades pessoais quando começar a se importar de verdade com as pessoas. Colocar em prática as quatro recomendações apresentadas anteriormente o ajudará a demonstrar amor pelas outras pessoas no trabalho. Sem amor genuíno por aqueles com quem trabalha e pelos clientes e suas necessidades, você estará propenso ao egoísmo, à ganância e à rispidez, em vez de demonstrar a abnegação, a gentileza e a mentalidade servidora que Cristo valorizava. Mas quem é seu próximo e o que exatamente significa demonstrar amor por ele no trabalho?

1. **Procure maneiras de satisfazer as necessidades alheias.** 1 Coríntios 10:24: "Ninguém deve buscar o próprio bem, mas sim o dos outros."

   Confrontos, disputas por posição e punhaladas pelas costas são termos tão comuns em algumas empresas hoje em dia quanto relatório trimestral, recursos humanos e declaração de missão. Nem é preciso dizer que você terá dificuldade em aprimorar suas habilidades interpessoais se segurar uma faca ao mesmo tempo que saudar os outros. A verdade é que, se você não ama o próximo como deveria, é provavelmente porque não ama a Deus como deveria. É por isso que em Mateus 22:37-39 Jesus identifica os dois grandes mandamentos na ordem em que estão listados. Só amando a Deus em primeiro lugar você será capaz de amar o próximo como a si mesmo.

   Jesus disse a ele: "'Ame o Senhor, o seu Deus de todo o seu coração, de toda a sua alma e de todo o seu entendimento'. Esse é o primeiro e maior mandamento. E o segundo é semelhante a ele: 'Ame o próximo como a si mesmo.'"
2. **Fale bem deles, e de maneira respeitosa.** Efésios 4:29: "Nenhuma palavra torpe saia da boca de vocês, mas apenas a que for útil para edificar os outros, conforme a necessidade, para que conceda graça aos que a ouvem."

   Semear a discórdia, espalhar mentiras ou boatos e dizer o que você faria se estivesse no comando são atitudes desrespeitosas. Seus colegas de trabalho concluem que, se você fala dos outros, é provável que também fale deles. Essa verdade não ajuda a melhorar suas habilidades interpessoais nem a aumentar sua influência. Por outro lado, ao ser leal a quem não está presente, você conquista o respeito e a confiança de quem está à sua volta.

3. **Forneça os recursos de que eles precisam para serem bem-sucedidos.** Mateus 5:1-2: "Vendo as multidões, Jesus subiu ao monte e se assentou. Seus discípulos aproximaram-se dele, e ele começou a ensiná-los, dizendo..."

   Se você tem funcionários capazes e não investe no desenvolvimento deles, merece perdê-los. Por certo, provavelmente os perderá. E se eles continuam a trabalhar para você, você não merece obter bons resultados deles porque está esperando o prêmio sem pagar o preço. O escritor e palestrante Zig Ziglar diz: "Há uma coisa pior do que treinar as pessoas e vê-las partir: não treiná-las e vê-las ficar!"

4. **Importe-se o suficiente a ponto de confrontá-los quando eles estão no caminho errado.** Mateus 26:34: "Respondeu Jesus: 'Asseguro que ainda esta noite, antes que o galo cante, três vezes você me negará.'"

   Embora possa ser desagradável, você deve se importar o bastante com seus funcionários para censurá-los quando eles estiverem no caminho errado. O desconforto temporário é melhor do que o conforto temporário se você conseguir evitar o fracasso permanente. Não deixe que a tendência politicamente correta de atenuar, banalizar, marginalizar e ceder – tão comum hoje – faça com que você permita que as pessoas vivam em uma área indefinida na qual desconhecem o certo e o errado, a vitória e a derrota, o sucesso e o fracasso. Quando você censura alguém de maneira firme, com tato e compaixão, ele passa a confiar nos seus motivos e a apreciar o fato de ter em você um indicador da própria posição.

5. **Reze por eles.** Lucas 22:31: E o Senhor disse: "Simão, Simão, Satanás pediu a vocês para peneirá-los como trigo. Mas eu orei por você, para que sua fé não desfaleça. E, quando você se converter, fortaleça os seus irmãos."

Quando rezar por seu pessoal, peça que Deus mostre como Ele está intercedendo na vida deles e como você pode fazer parte do plano Dele. Reze também pelas qualidades das quais eles aparentemente não dispõem ou que possam vir a precisar para se tornarem mais bem-sucedidos. Ao rezar por alguém, você começa a ver essa pessoa de outra maneira – como Deus a vê. Essa perspectiva ajudará você a se conectar com a pessoa, a se tornar mais acessível e a levá-la a um desempenho mais elevado.

BÊNÇÃO Para dar amor, você primeiro precisa tê-lo. Se seus relacionamentos não são como deveriam, pode ter certeza de que você também não se relaciona com Deus como deveria.

Quem é meu próximo?

Na parábola do Bom Samaritano, um perito na lei tenta pôr Jesus à prova e lhe pergunta: "Mestre, o que preciso fazer para herdar a vida eterna?" Depois que Jesus responde que ele deveria amar o próximo como a si mesmo, o perito, tentando se justificar, pois provavelmente não havia amado alguns de seus próximos, questiona Jesus: "E quem é meu próximo?"

Jesus responde:

> Um homem descia de Jerusalém para Jericó, quando caiu nas mãos de assaltantes. Estes tiraram suas roupas, o espancaram e se foram, deixando-o quase morto. Aconteceu de estar descendo pela mesma estrada um sacerdote. Quando viu o homem, passou pelo outro lado. E assim também um levita, que, quando chegou ao lugar e o viu, passou pelo outro lado. Mas um samaritano, estando de viagem, chegou onde se encontrava o homem e, quando o viu, teve piedade dele. Aproximou-se, enfaixou suas feridas, derramando nelas vinho e óleo. Depois colocou-o

sobre seu animal, levou-o para uma hospedaria e cuidou dele. No dia seguinte, deu dois denários ao hospedeiro e lhe disse: "Cuide dele. Quando eu voltar, pagarei todas as despesas que você tiver."

Qual destes três você acha que foi o próximo do homem que caiu nas mãos dos assaltantes?

"Aquele que teve misericórdia dele", respondeu o perito na lei.

Jesus lhe disse: "Vá e faça o mesmo."

Para apreciar plenamente esta conhecida parábola, existem três coisas que você deve considerar:

1. O sacerdote e o levita estavam vindo de Jerusalém no mesmo dia, indicando que eles provavelmente haviam prestado culto no Templo. Esses homens haviam acabado de sair da igreja, mas mesmo assim acharam fácil ignorar um homem semimorto e despido na estrada.
2. Os samaritanos eram desprezados pelos judeus. Jesus usou o samaritano em sua parábola para apresentar uma argumentação forte. Foi o pária da sociedade que ofereceu ajuda a um homem que provavelmente tinha algum preconceito contra ele, ao passo que os "respeitosos" homens do clero seguiram adiante. O samaritano viu além de qualquer rótulo que pudesse ser aplicado a seu opressor e teve compaixão dele como seu próximo.
3. Um denário correspondia aproximadamente a um dia de salário. Portanto, o samaritano não apenas abriu mão de dois dias de salário para ajudar o homem, mas também tratou pessoalmente de suas feridas, derramando óleo e vinho sobre elas. Pôs o homem ferido sobre seu animal e seguiu caminhando, a fim de levá-lo até a hospedaria. Também prometeu pagar mais se a conta excedesse o que

ele tinha dado. O samaritano não preencheu simplesmente um cheque e seguiu seu caminho. Ele pôs a mão na massa, incorrendo em situações incômodas e despesas para cuidar do estranho, seu próximo.

Na dúvida para saber quem é o próximo no local de trabalho, lembre-se de que não há distinção: são todas as pessoas sob sua responsabilidade, bem como os clientes atuais e em potencial e os fornecedores que de alguma maneira contribuem para que você receba seu salário todo mês. Quando começa a ver todos como seus próximos, a pressão diminui, porque você não precisa escolher com quem será gentil, respeitoso ou decente. Você pode fazer como Cristo e amar a todos, mesmo com seus defeitos.

BÊNÇÃO "O rei lhes dirá: 'Digo a verdade: O que vocês fizeram a algum dos meus menores irmãos, a mim o fizeram.'" (Mateus 25:40)

"Ele responderá: 'Digo a verdade: O que vocês deixaram de fazer a alguns destes mais pequeninos, também a mim deixaram de fazê-lo.'" (Mateus 25:45)

Estratégia

Entenda que um dos grandes paradoxos é que, ao tirar o foco de seus desejos e necessidades e se concentrar nos dos outros, uma parcela maior de seus desejos e necessidades será satisfeita!

Resumo

Você pode ter uma personalidade que facilite a conexão com os outros, mas, em última instância, as habilidades interpessoais são mais o resultado de um coração correto do que de uma personalidade exuberante. As cinco disciplinas listadas neste capítulo começam com a abnegação. Por isso, o caminho para aprimorar suas habilidades pessoais passa por seu coração, e não por sua cabeça.

Revelação

Talvez a melhor descrição encontrada na Bíblia para qualquer pessoa que queira desenvolver suas habilidades interpessoais esteja em Romanos 12:9-18:

> O amor deve ser sincero. Odeiem o que é mau; apeguem-se ao que é bom. Dediquem-se uns aos outros com amor fraternal. Prefiram dar honra aos outros mais do que a vocês. Nunca falte a vocês o zelo, sejam fervorosos no espírito, sirvam ao Senhor. Alegrem-se na esperança, sejam pacientes na tribulação, perseverem na oração. Compartilhem o que vocês têm com os santos em suas necessidades. Pratiquem a hospitalidade.
>
> Abençoem aqueles que os perseguem; abençoem-nos, não os amaldiçoem. Alegrem-se com os que se alegram; chorem com os que choram. Tenham uma mesma atitude uns para com os outros. Não sejam orgulhosos, mas estejam dispostos a associar-se a pessoas de posição inferior. Não sejam sábios aos seus próprios olhos.
>
> Não retribuam a ninguém mal por mal. Procurem fazer o que é correto aos olhos de todos. Façam todo o possível para viver em paz com todos.

Exercício prático

Das cinco estratégias listadas, classifique em ordem decrescente de 1 a 5 aquelas em que você é melhor.

__ Não fale demais.
Estratégia: ______________________________

__ Não contabilize os erros dos outros.
Estratégia: ______________________________

__ Não julgue.
Estratégia: ______________________________

__ Controle sua atitude e emoções.
Estratégia: ______________________________

__ Ame o próximo.
Estratégia: ______________________________

CAPÍTULO 6

Quatro áreas fundamentais para equilibrar sua vida pessoal e profissional

Gênese

Muitas pessoas que assistem às minhas palestras consideram muito útil a sessão a respeito do equilíbrio na vida pessoal e da eficácia no trabalho. Graças a esse feedback, me dediquei mais a explicar como alcançar maior equilíbrio em quatro áreas fundamentais da vida: a mental, a emocional, a física e a espiritual.

Admito que nunca cheguei ao equilíbrio perfeito. De fato, esperar atingir ou permanecer por muito tempo em tal estado talvez não seja uma expectativa razoável. No entanto, a boa notícia é que atingir um estágio no qual você está em perfeito equilíbrio não é o ponto central. É a *busca* desse equilíbrio que determinará em grande medida a qualidade da sua vida.

Muitos profissionais dedicados acreditam erroneamente que será mais fácil equilibrar a vida após ganhar muito dinheiro. Essa é uma filosofia falsa porque, quando passa a idolatrar o dinheiro, você sacrifica os momentos com a família, a saúde, Deus e a si mesmo para obtê-lo, desequilibrando ainda mais sua vida! Neste capítulo, apresento o caminho sugerido pela Bíblia para que você obtenha e desfrute dos bens materiais depois de alcançar o equilíbrio na vida, e não antes. Portanto, você deve esperar que a busca do equilíbrio venha antes da obtenção dos bens materiais, em vez de acreditar que o equilíbrio seja o resultado da acumulação material.

É comum ouvir falar de alguém que "trabalhou duro por muito tempo" e ficou esgotado. No entanto, podemos dizer que todos nós conhecemos muitas pessoas que fizeram o mesmo e não ficaram exaustas. Isso porque trabalhar duro por muito tempo não é a causa do esgotamento. A causa é o estresse. Sem uma vida equilibrada, mais afazeres geram ainda mais estresse.

Como você verá ao longo do capítulo, o equilíbrio espiritual é o componente mais essencial a se buscar, porque, sem ele, o equilíbrio mental, emocional e físico é irrelevante, já que qualquer nível de realização será fugaz sem uma base espiritual. Sem Deus no centro da sua vida, você se tornará orgulhoso, egoísta e arrogante, destruindo qualquer chance de atingir ou manter o equilíbrio mental ou emocional. Sem Ele, você ficará enfraquecido e diminuído mental, física e emocionalmente.

Quando todos esses aspectos se encontram em equilíbrio, sua atitude se eleva, sua energia se expande, seus relacionamentos se fortalecem, seu raciocínio fica mais claro, sua confiança aumenta, seu julgamento se torna preciso, sua consciência fica tranquila e seu desempenho no trabalho dispara. Por outro lado, quando ao menos uma dessas áreas está descompensada, sua vida profissional é prejudicada com a falta de foco, paixão, resistência, integridade, discernimento e autoestima.

Com tudo isso em jogo, não espere até "algum dia" para começar a buscar uma vida equilibrada. Com essa postura é fácil deixar esse objetivo de lado e nunca mudar seu foco. O *agora* tem poder. Comece já!

1. Busque o equilíbrio mental

> O coração do que tem discernimento adquire conhecimento; os ouvidos dos sábios saem à sua procura. (Provérbios 18:15)

Há anos tenho seguido um programa de crescimento pessoal. Ele é semelhante a um programa de exercícios físicos, só que é a mente que você exercita, não o corpo. Pode ser algo simples como ler um livro da sua área por mês. Você não pode simplesmente desejar encontrar tempo para realizá-lo, é preciso ter vontade e determinação para colocá-lo em prática. Ele deveria ser obrigatório para todos os líderes, porque o crescimento da sua equipe depende do seu crescimento. Afinal, como é possível exportar o que você não tem ou guiar sua equipe por uma jornada que nunca fez? Infelizmente, muitos líderes estão perdendo relevância porque não aprimoraram suas habilidades e ficam para trás nos negócios. Tornam-se ultrapassados porque, embora trabalhem com afinco, pararam de investir em si mesmos. Em algum momento do percurso acharam que o crescimento era automático e, por isso, estagnaram.

O senso comum sugere que, para avançar nos negócios, você deve almejar ter poder, posição e dinheiro. Em Provérbios 16:16 temos uma sugestão diferente: "É melhor obter sabedoria do que ouro! É melhor obter entendimento do que prata!"

Há anos venho aconselhando os jovens que estão entrando no mundo dos negócios a *não* correr atrás de dinheiro. Em vez disso, recomendo que busquem desenvolver suas habilidades, sabedoria, conhecimento, hábitos e atitudes corretas, pois assim atrairão dinheiro. Lembro que, para obter mais do que já têm, eles devem se tornar mais do que já são – essa evolução deve acontecer primeiro. Infelizmente, hoje é muito comum ver quantas pessoas desejam gratificação instantânea, mesmo sem terem crescido pessoalmente.

É comum ver homens de negócios que usam o sucesso financeiro como desculpa para nunca mais lerem outro livro na vida nem frequentarem cursos de aprimoramento. Eles utilizam o sucesso passado como justificativa para permanecerem estagnados no mesmo lugar. O que não veem é que com essas atitudes são rotulados de sabichões arrogantes, mas na verdade eles não passam de ignorantes. Esses líderes se acham inteligentes, mas precisam passar mais tempo no trabalho tentando dar conta do que poderiam ter feito em menos tempo se tivessem trabalhado com mais inteligência, e não com mais afinco. Por passarem mais tempo no trabalho, eles têm menos tempo para ficar com a família e os amigos e para cuidar da saúde e do desenvolvimento espiritual. Isso gera um estresse que os torna ainda menos eficientes, o que resulta em mais frustração e mais horas passadas no trabalho para compensar. Esse ciclo vicioso já causou inúmeras demissões, divórcios, ataques cardíacos, vícios, suicídios, estagnações, colapsos nervosos e famílias desfeitas.

Assumir um compromisso com o crescimento pessoal ajuda a substituir esse ciclo vicioso por um virtuoso. Isso porque, ao cuidar de si mesmo e aprimorar suas habilidades, você se torna melhor no que faz. Dessa maneira, torna-se mais eficiente e não precisa passar tanto tempo no trabalho para dar conta de suas tarefas. Isso significa que você pode tirar folga quando necessário, deixar o trabalho na hora prevista e aproveitar uma vida saudável e equilibrada com a família, os amigos e Deus. As melhorias nesses aspectos o deixarão menos estressado e mais realizado. Ao levar esse equilíbrio também para o trabalho, você se torna ainda mais eficaz – acelerando os resultados e seu impacto como líder. Portanto, pense e responda: em que ciclo você se encontra – o vicioso ou o virtuoso? A boa notícia é que você pode escolher. A má é que, podendo fazer uma escolha, só pode culpar a si mesmo por ficar preso ao esgotante e mortal ciclo vicioso.

BÊNÇÃO "Até quando vocês, inexperientes, irão contentar-se com a sua inexperiência? Vocês, zombadores, até quando terão prazer na zombaria? E vocês, tolos, até quando desprezarão o conhecimento?" (Provérbios 1:22)

LIÇÃO BÍBLICA SOBRE LIDERANÇA

A mente do rei Salomão

Filho do rei Davi e de Betsabá, Salomão, o terceiro rei de Israel, governou por 40 anos, de 961 a 922 a.C. Provérbios, Eclesiastes e Cântico dos Cânticos são livros da Bíblia atribuídos, pelo menos parcialmente, a ele. Enquanto Davi foi um grande líder militar, Salomão nunca teve de liderar o exército, pois a paz reinou durante o seu governo. Ele provavelmente se tornou rei por volta dos 18 anos, enquanto o pai ainda estava vivo e doente. O livro 1 Reis conta um momento decisivo na vida do jovem rei, quando ele escolheu a sabedoria da mente e do coração no lugar de outras opções entre as coisas que desejava de Deus.

> Em Gibeom o Senhor apareceu a Salomão num sonho, à noite, e lhe disse: "Peça-me o que quiser, e eu darei a você." (1 Reis 3:5)

É possível imaginar como a maioria das pessoas teria respondido a essa pergunta? Provavelmente tratariam Deus como um gênio surgido de uma garrafa e o presenteariam com uma lista enorme de pedidos que incluiriam casacos de peles e carros de luxo! Eis o que Salomão respondeu:

> "Dá, pois, ao teu servo um coração cheio de discernimento para governar o teu povo e capaz de distinguir entre o bem e o mal. Pois quem pode governar este teu grande povo?"
>
> O pedido que Salomão fez agradou ao Senhor. Por isso Deus lhe disse: "Já que você pediu isso e não uma vida longa nem riqueza, nem pediu a morte dos seus inimigos, mas discernimento para ministrar a justiça, farei o que você

> pediu. Eu darei a você um coração sábio e capaz de discernir, de modo que nunca houve nem haverá ninguém como você. Também darei o que você não pediu: riquezas e fama, de forma que não haverá rei igual a você durante toda a sua vida. E, se você andar nos meus caminhos e obedecer aos meus decretos e aos meus mandamentos, como o seu pai, Davi, eu prolongarei a sua vida". (1 Reis 3:9-14)

A sabedoria de Salomão atraiu riqueza como a que nenhum outro homem até então havia acumulado. Convertida em moeda atual, sua fortuna foi estimada em mais de 500 bilhões de dólares. O trecho a seguir ajuda a explicar por quê:

> O rei Salomão era o mais rico e o mais sábio de todos os reis da terra. Gente de todo o mundo pedia audiência a Salomão para ouvir a sabedoria que Deus tinha lhe dado. Ano após ano, todos os visitantes traziam algum presente: utensílios de prata e de ouro, mantos, armas e especiarias, cavalos e mulas. (1 Reis 10:23-25)
>
> E ela deu ao rei quatro mil e duzentos quilos de ouro e grande quantidade de especiarias e pedras preciosas. Nunca mais foram trazidas tantas especiarias quanto as que a rainha de Sabá deu ao rei Salomão. (1 Reis 10:10)

BÊNÇÃO **Quando seus motivos fazem com que sua sabedoria aumente pelo bem dos outros, você ganha o apoio de Deus. Ele, então, lhe dará o apoio dos homens.**

Busque o equilíbrio mental seguindo estas recomendações:

1. Engaje-se em um programa de crescimento pessoal e encontre tempo para executá-lo. Desligue a televisão, deixe

o jornal de lado e invista seu tempo na atualização e no aumento da sua sabedoria, do seu conhecimento e entendimento.

2. Reze para ter sabedoria. Reze pela mente de Deus. Reze para que Deus lhe dê julgamento sólido e discernimento preciso.
3. Aplique o que aprender. O objetivo do crescimento pessoal não é acumular conhecimento, mas colocá-lo em prática. A vida não recompensa o que você sabe, mas o que você faz com o seu conhecimento!

2. Busque o equilíbrio emocional

> Este é o meu mandamento: Amem-se uns aos outros. (João 15:17)

O equilíbrio emocional tem a ver com a força e a qualidade dos relacionamentos que você tem com seus amigos, familiares e colegas de trabalho. Quando as relações vão mal, o estresse e a dor resultantes podem ser contínuos, tortuosos e insuportáveis. Relacionamentos demandam trabalho e devem ser sustentados ao longo do tempo. As cinco estratégias para desenvolver suas habilidades interpessoais apresentadas no Capítulo 5 o ajudarão a criar uma base sólida para relacionamentos no trabalho e em casa. Só para lembrar, os cinco princípios determinantes eram: não falar demais, não reparar apenas nos erros dos outros, evitar ser crítico, controlar sua atitude e amar o próximo.

O egoísmo muitas vezes leva as pessoas a romper os relacionamentos. Quando só uma recebe, a outra começa a se sentir usada, manipulada e desvalorizada. Um relacionamento unilateral descumpre a ordem de Cristo de pôr os outros em primeiro lugar e satisfazer as necessidades deles. Qual é a força do seu relacionamento com alguém com quem você só fala quando precisa de algo? Da mesma maneira, se você é quem sempre recebe, não seja ingênuo a ponto de acreditar que o outro não percebeu que o egoísmo é a base da relação de vocês.

Intrigas, incapacidade de manter segredos e de se sentir feliz pelas conquistas, assim como a falta de empatia durante os fracassos do amigo, também prejudicam os relacionamentos. A Bíblia tem ótimos conselhos relativos a essas questões:

Intrigas

> Sem lenha a fogueira se apaga; sem brigão caluniador morre a contenda. (Provérbios 26:20)

Esse conselho se refere não apenas a quem espalha boatos e fofocas, mas também a quem dá ouvidos a eles e permite que eles circulem.

> Evite as conversas inúteis e profanas, pois os que se dão a isso prosseguem cada vez mais para a impiedade. (2 Timóteo 2:16-17)

A impiedade se refere a tudo, desde críticas até mentirinhas inocentes, dar falsas impressões e muito mais.

Segredos

> Quem muito fala trai a confidência, mas quem merece confiança guarda o segredo. (Provérbios 11:13)

> Aquele que cobre uma ofensa promove amor, mas quem a lança em rosto separa bons amigos. (Provérbios 17:9)

Alguns cristãos se tornaram muito sorrateiros e usam uma estratégia escusa tanto para fazer intrigas quanto para revelar segredos: "Não conte a ninguém, mas eu soube que Fernando e Mônica estão tendo problemas no casamento porque ele foi pego pulando a cerca com a secretária. Estou lhe contando isso para que você possa rezar por eles." Verifique seus motivos antes de trair a confiança de alguém e fazer intrigas achando que está ajudando. Esse tipo de bobagem talvez engane os outros, mas só o diminui.

Alegria e empatia apropriadas

> Alegrem-se com os que se alegram; chorem com os que choram. (Romanos 12:15)

Isso pode ser novidade para alguns líderes que não manifestam reação positiva na tentativa de manter seus funcionários atentos e evitar que se tornem preguiçosos, mas sua reação inicial ao sucesso de outra pessoa não deveria ser puxá-la de volta para o chão: "Não deixe que esse mês excelente lhe suba à cabeça. As coisas logo voltarão ao normal." Em vez disso, a Bíblia nos instrui a nos alegrar com os que se alegram. Essa deveria ser sempre a sua primeira reação ao sucesso de outra pessoa, seja ela o cônjuge, filho, amigo ou colega de trabalho. Se você sente necessidade de adverti-los quanto à humildade, faça isso em outra ocasião, e não logo após uma vitória. Deixe-os brilhar naquele momento e não diminua a alegria que sentem.

Ao mesmo tempo, a última coisa que a maioria das pessoas quer é ganhar um sermão logo após um acontecimento ruim. Em vez disso, chore com elas primeiro. Sinta a dor e expresse compreensão pela perda que sofreram. Depois de ter estabelecido uma conexão, elas estarão mais receptivas aos seus conselhos. Em outras palavras, quando uma amiga chorosa conta a você que o namorado acabou de romper com ela, não dispare: "Mas ele é mesmo um fracassado. Você vai ficar melhor sem ele!" Em vez disso, transmita seu pesar pela dor que ela está sentindo e pelo que está passando. Depois de ter estabelecido essa conexão e reconhecido a tristeza dela, o momento se torna mais apropriado para começar a indicar novas possibilidades ou o lado positivo.

Obviamente, fazendo intrigas, sendo indiscreto e não se alegrando quando os outros têm sucesso, e não chorando quando os outros enfrentam dificuldades, você ganhará a reputação de uma pessoa que ilumina o ambiente de trabalho apenas ao deixá-lo. Seus relacionamentos estão fadados a ser, na melhor das hipóteses, superficiais, e seus níveis de confiança e influência junto aos outros serão mínimos. O mesmo vale para seus relacionamentos fora do trabalho. O estresse resultante desse desequilíbrio emocional afetará adversamente seu moral, seu desempenho e sua paz de espírito. A proposta é simples: para ter amigos de verdade, você deve agir como um amigo verdadeiro. Para desfrutar da confiança dos outros, deve proteger os segredos alheios, cuidar dos interesses dos outros, agregar valor à vida deles, falar com eles e não sobre eles, e compartilhar tanto as vitórias como as derrotas.

BÊNÇÃO "O amigo ama em todos os momentos; é um irmão na adversidade." (Provérbios 17:17)

Busque o equilíbrio emocional seguindo estas recomendações:

1. Proteja seus relacionamentos purificando suas intenções e domando sua língua.
2. Dê ao seu cônjuge o que ele mais deseja, mesmo que, no momento, ele não esteja retribuindo. Seus esforços podem reverter um ciclo destrutivo.
3. Realize atividades em que você possa construir e aprofundar relacionamentos.

BÊNÇÃO "Maridos, ame cada um a sua mulher, assim como Cristo amou a Igreja e entregou-se por ela para santificá-la, tendo-a purificado pelo lavar da água mediante a palavra." (Efésios 5:25-26)

LIÇÃO BÍBLICA SOBRE LIDERANÇA

Fórmula do amor e do respeito para um casamento robusto

As relações estressantes com o cônjuge talvez sejam o tipo de disputa emocional que mais prejudica o desempenho profissional. Em vez de voltar para um lar infeliz, muitas pessoas optam por passar mais tempo no trabalho, o que aumenta ainda mais os problemas matrimoniais. A Bíblia apresenta aquele que talvez seja o conselho mais valioso para um casamento saudável em Efésios 5:33: "Cada um de vocês também ame a sua mulher como a si mesmo, e a mulher trate o marido com todo o respeito."

De acordo com o apóstolo Paulo, o que as mulheres mais querem do marido é amor, e o que os homens mais desejam da esposa é respeito. Quando uma mulher demonstra desrespeito pelo marido, ele, por sua vez, se torna menos amoroso. Isso torna a mulher ainda menos respeitosa e o homem ainda mais distante. Trata-se de um ciclo destrutivo que gera muito estresse e brigas que costumam culminar em divórcio. Ao mesmo tempo, quando um homem não é amoroso com a esposa, ela passa a não respeitá-lo tanto, fazendo com que ele se torne ainda menos amoroso, acelerando o ciclo de ruína conjugal. Não se engane, as mulheres também querem respeito, e os homens, amor. Só que amor e respeito são os dois principais motivadores para a esposa e o marido, respectivamente.

Uma mulher pode dizer que vai respeitar o marido quando ele merecer. Em outras palavras, ela só vai demonstrar respeito por ele dependendo das condições. Mas, ao mesmo tempo, pode ter certeza de que ela espera que ele a ame incondicionalmente. O problema é que a atitude dela torna o homem responsável tanto pelo amor quanto pelo respeito! Embora a esposa talvez não respeite algumas das coisas que o marido faz, a Bíblia determina que ela ainda assim demonstre respeito por ele como ser humano.

> Você pode até não respeitar o desempenho, mas mesmo assim respeite a pessoa. Seja você um homem ou uma mulher que não está conseguindo obter o respeito ou amor necessários, é possível reverter esse ciclo destrutivo dando ao seu parceiro mais daquilo que ele precisa e observando que, no final, um fluxo recíproco do que você precisa começa a vir em sua direção.

3. Busque o equilíbrio físico

> Acaso não sabem que o corpo de vocês é santuário do Espírito Santo que habita em vocês, que lhes foi dado por Deus, e que vocês não são de vocês mesmos? Vocês foram comprados por alto preço. Portanto, glorifiquem a Deus com o seu próprio corpo. (1 Coríntios 6:19-20)

Houve uma época em que, a cada ano-novo, eu prometia a mim mesmo que perderia peso e entraria em forma. Para isso, comprava o livro mais recente sobre o assunto. Folheando as páginas, encontrava pérolas do tipo "coma porções menores", "reduza a ingestão de gorduras" ou "faça pelo menos 30 minutos de exercícios por dia, quatro vezes por semana". Não demorei a perceber que eu já tinha plena consciência do que precisava fazer para emagrecer. Eu não sofria por falta de conhecimento. Sofria porque não colocava em prática o que já sabia. O que me impedia de agir era a preguiça. Felizmente, eu tinha 1,93m de altura, o que tornava os 20 quilos a mais menos perceptíveis, mas eu sabia que eles estavam lá. Além disso, eles agravavam as úlceras que eu tinha naquela época e me impediam de levar uma vida saudável, o que tornava difícil para mim discutir a importância da disciplina, do sacrifício e do respeito próprio com minha equipe.

Eu trabalhava em uma concessionária de automóveis, me alimentava mal e era sedentário. Anos e anos de maus hábitos me fizeram engordar. Então, um dia, descobri um dos maiores motivadores do mundo: o desgosto. Na mesma manhã em que descobri que não conseguia mais abotoar o paletó do meu terno favorito também percebi que, ao dirigir, um de meus braços ficava confortavelmente apoiado sobre minha barriga, e não no meu colo.

Ao reconhecer meu problema, o desgosto comigo mesmo me motivou mais do que qualquer livro que eu tivesse lido antes. Imediatamente, decidi ajeitar meu corpo para transformá-lo no templo que Deus esperava que ele fosse. Foi assim que descobri o poder da disciplina. Para mim, esse termo sempre tinha tido uma conotação negativa, como se fosse uma espécie de punição. No entanto, desde então descobri que disciplina significa simplesmente se obrigar a fazer as coisas que você sabe que são importantes mesmo quando não quer fazê-las. Depois que fazem parte da sua rotina, elas se tornam hábitos e não requerem mais o esforço que era necessário no início. Quando percebi os resultados que a alimentação balanceada e a prática de exercícios tiveram na minha saúde, energia, autoconfiança e credibilidade como líder, deixei de encarar o que estava fazendo como um sacrifício, e sim como um prazer. A disciplina preenche a lacuna entre sacrifício e prazer. Em razão da falta de disciplina, muitas pessoas começam, mas poucas terminam o que começaram. Não perseveram tempo suficiente para converter suas novas ações em hábitos saudáveis. Muitas vezes elas carecem de um motivo suficientemente forte. O motivo é seu propósito para agir e se sujeitar à dor da disciplina para não ter que, um dia, sofrer com a dor do arrependimento. É isso que o escritor E. M. Gray queria dizer quando escreveu: "As pessoas bem-sucedidas criaram o hábito de fazer aquilo que os fracassados não gostam de fazer. Elas também não gostam dessas coisas. Mas submetem seu desagrado à força de seu objetivo. É isso que as impulsiona a alcançar seus sonhos, forçando-as a fazer coisas que, na verdade, não querem, a fim de obter o que realmente querem ter."

Qual é seu motivo para fazer do seu corpo um templo digno do Deus que mora lá? Uma vida mais longa? Obediência à palavra Dele? Mais autoestima e confiança? Aumentar sua credibilidade como líder para que você possa impactar os outros com mais eficácia? Mais energia e saúde? Quantos mais motivos você tiver, melhor, porque, quanto mais fortes eles forem, mais facilmente você realizará o que for necessário.

BÊNÇÃO Ninguém jamais odiou o próprio corpo, antes o alimenta e dele cuida, como também Cristo faz com a Igreja. (Efésios 5:29)

LIÇÃO BÍBLICA SOBRE LIDERANÇA

Sete dicas perfeitas para uma saúde melhor

Apresento a seguir sete pensamentos da Bíblia sobre saúde e a busca de equilíbrio físico. Nunca é cedo nem tarde demais para começar a moldar seu templo de uma maneira que demonstre gratidão e respeito por seu corpo, uma de suas maiores dádivas. Durante esse processo, você construirá uma máquina física que acrescenta resistência, energia, confiança e credibilidade à sua liderança no trabalho.

1. **Não se desqualifique!** "Vocês não sabem que, de todos os que correm no estádio, apenas um ganha o prêmio? Corram de tal modo que alcancem o prêmio. Todos os que competem nos jogos se submetem a um treinamento rigoroso para obter uma coroa que logo perece; mas nós o fazemos para ganhar uma coroa que dura para sempre. Sendo assim, não corro como quem corre sem alvo e não luto como quem esmurra o ar. Mas esmurro o meu

corpo e faço dele meu escravo para que, depois de ter pregado aos outros, eu mesmo não venha a ser reprovado." (1 Coríntios 9:24-27)

2. **Cuide do templo!** "Vocês não sabem que são santuários de Deus e que o Espírito de Deus habita em vocês? Se alguém destruir o santuário de Deus, Deus o destruirá; pois o santuário de Deus, que são vocês, é sagrado." (1 Coríntios 3:16-17)
3. **Faça para Deus!** "Assim, quer vocês comam, quer bebam, quer façam qualquer outra coisa, façam tudo para a glória de Deus." (1 Coríntios 10:31)
4. **Coma para viver. Não viva para comer!** "Feliz é a terra cujo rei é de origem nobre e cujos líderes comem no devido tempo para recuperar as forças, e não para embriagar-se." (Eclesiastes 10:17)
5. **A atitude influencia a saúde!** "O coração bem-disposto é remédio eficiente, mas o espírito oprimido resseca os ossos." (Provérbios 17:22)
6. **O ódio e a amargura destroem a saúde!** "É melhor ter verduras na refeição onde há amor do que um boi gordo acompanhado de ódio." (Provérbios 15:17)
7. **A importância do descanso!** "Os apóstolos reuniram-se a Jesus e lhe relataram tudo o que tinham feito e ensinado. Havia muita gente indo e vindo, ao ponto de eles não terem tempo para comer. Jesus lhes disse: 'Venham comigo para um lugar deserto e descansem um pouco.' Então eles se afastaram num barco para um lugar deserto." (Marcos 6:30-32)

BÊNÇÃO "Tudo posso naquele que me fortalece." (Filipenses 4:13)

Busque o equilíbrio físico seguindo estas recomendações:

1. Desenvolva a disciplina para ser sóbrio em todas as coisas.

2. Crie motivações suficientemente grandes para tornar factível, desejável e agradável a construção do seu templo.
3. Descanse. O cansaço estragará sua disposição ao torná-lo um covarde e um pessimista e prejudicará seu juízo, deixando-o mais suscetível ao pecado.

4. Busque o equilíbrio espiritual

> Num daqueles dias, Jesus saiu para o monte a fim de orar e passou a noite orando a Deus. (Lucas 6:12)

O equilíbrio espiritual diz respeito à qualidade e à profundidade do seu relacionamento com Deus. É a base que torna o aprimoramento em todas as outras áreas da sua vida mensurável e sustentável. Portanto, sua busca pelo equilíbrio espiritual deve ser prioridade. Gálatas 5:16-18 nos diz que temos duas naturezas disputando o controle da nossa vida: a velha natureza pecaminosa da carne e o Espírito. Qual delas vencerá? A que você mais alimentar!

Como você sabe que seu lado espiritual se encontra em desequilíbrio? Para início de conversa, você se sente cada vez mais estressado. Embora muitas vezes esse seja o primeiro indicador, a causa é mais profunda, pois, quando você se sente estressado, é porque perdeu seu senso de gratidão. Francamente, é quase impossível ser grato e se sentir estressado ao mesmo tempo.

Seja grato por todas as coisas

Existem pelo menos quatro bons motivos para agradecermos por qualquer coisa que, com a permissão de Deus, acontece em nossos negócios e em nossa vida. Em tempos difíceis, agradecer é mais complicado, mas a fé é ainda maior quando nos lembramos de louvar e agradecer a Deus quando tudo está dando certo e nos sentimos tentados a esquecer Dele. Ser grato por todas as coisas é uma disciplina essencial que aumenta o equilíbrio espiritual da sua vida. Para acelerar seu desenvolvimento, considere e aplique as quatro verdades a seguir:

1. Deus está no controle de todas as coisas. Nada acontece sem a ciência e a permissão Dele, nem mesmo a queda de um pardal. Portanto, podemos ter certeza de que Ele tem plena consciência do que acontece conosco.

   > Não se vendem dois pardais por uma moedinha? Contudo, nenhum deles cai no chão sem o consentimento do Pai de vocês. Até os cabelos da cabeça de vocês estão todos contados. Portanto, não tenham medo; vocês valem mais do que muitos pardais! (Mateus 10:29-31)

2. A Bíblia diz que, se você trabalhar de acordo com a vontade de Deus, tudo funcionará para o seu bem.

   > Sabemos que Deus age em todas as coisas para o bem daqueles que o amam, dos que foram chamados de acordo com o seu propósito. (Romanos 8:28)

3. Um dos mais altos propósitos pelo qual Deus permite dificuldades em nossa vida é para nos moldar à imagem de Cristo. Ao aprender a reagir como Cristo reagiria a qualquer situação no trabalho ou fora dele, você desenvolve suas características, entre as quais paciência, perseverança, compaixão, discernimento, sabedoria, humildade, autocontrole e muitas outras qualidades importantes.
4. Deus quer nos ensinar Seus pensamentos e caminhos, que são mais elevados do que os nossos. Ao se resignar e agradecer a Deus por qualquer coisa que ele nos permita vivenciar, demonstramos humildade.

   > "Pois os meus pensamentos não são os pensamentos de vocês, nem os seus caminhos são os meus caminhos", declara o Senhor.

> "Assim como os céus são mais altos do que a terra, também os meus caminhos são mais altos do que os seus caminhos; e os meus pensamentos, mais altos do que os seus pensamentos." (Isaías 55:8-9)

"Quanto mais você é grato, mais razões terá para ser", escreveu o palestrante motivacional e escritor americano Zig Ziglar. Sem dúvida, a gratidão parece atrair mais bênçãos, assim como a ingratidão e a sensação de direito adquirido parecem repeli-las. Uma ótima maneira de ganhar perspectiva e fazer um inventário de suas bênçãos diárias é manter um diário de gratidão. Ao registrar as graças que recebe – que podem variar desde obter uma vaga de estacionamento ideal a conquistar um novo cliente importante –, você desenvolverá um senso de gratidão em relação aos homens e a Deus que melhorará sua atitude e o tornará ainda mais "abençoável". Durante sete anos mantive um diário de gratidão, que levava até nas minhas viagens. Ele se tornou uma disciplina que reforça a fé e um tributo ao que está certo no mundo e em minha vida.

BÊNÇÃO "Alegrem-se sempre. Orem continuamente. Deem graças em todas as circunstâncias, pois esta é a vontade de Deus para vocês em Cristo Jesus." (1 Tessalonicenses 5:16-18)

Como as pessoas atarefadas podem encontrar tempo para Deus?

Ao tentar equilibrar obrigações profissionais e familiares, como as pessoas atarefadas podem encontrar tempo para Deus, para rezar, ler a Bíblia e praticar outras atividades de devoção? Primeiro, você pode ter certeza de que raramente *encontrará* tempo para essas disciplinas essenciais. E quanto mais você se afasta da palavra de Deus, mais difícil é ouvir Sua voz. Sem ouvi-Lo, você dependerá cada vez mais da sua própria sabedoria – e cada vez menos da infinita sabedoria divina – para tomar decisões profissionais e familiares. Não preciso falar do tipo de catástrofe que isso causa. A Bíblia fala de como Jesus levantava cedo e ia sozinho rezar em um lugar solitário. (Marcos 1:35) Vale a pena seguir seu exemplo. Acenda as chamas da devoção de manhã cedo, silenciosamente e sem interrupções. Outra opção é aproveitar o tempo que leva para ir e voltar do trabalho para ouvir mensagens de devoção, meditar sobre as Escrituras ou memorizá-las.

Hoje em dia, as pessoas gastam muito tempo para ir e voltar do trabalho. Se você usasse esse tempo para ouvir uma versão gravada da Bíblia, chegaria ao fim das Escrituras em três meses! Também tenderia a ficar menos nervoso, impaciente ou deprimido, mesmo ouvindo o noticiário ou enfrentando os engarrafamentos.

A Bíblia diz em Tiago 4:8 que, se você se aproxima de Deus, Ele se aproxima de você. A aproximação indica um esforço deliberado e concentrado da sua parte. Se você pretende manter Deus no centro da sua vida ao enfrentar desafios e oportunidades diariamente, *encontrar* tempo para se aproximar Dele é a única opção.

BÊNÇÃO Por isso, diga ao povo: "Voltem para mim, e eu me voltarei para vocês". Assim diz o Senhor dos Exércitos. (Zacarias 1:3)

BÊNÇÃO "Como a corça anseia por águas correntes, a minha alma anseia por ti, ó Deus." (Salmos 42:1)

Busque o equilíbrio espiritual seguindo estas recomendações:

1. Procure Deus primeiro com a confiança de que, ao fazer isso com seriedade, todas as outras coisas serão acrescenta-

LIÇÃO BÍBLICA SOBRE LIDERANÇA

Disciplinas espirituais: uma causa e uma receita para a depressão

Assim como o estresse, a depressão é um sinal de que você perdeu seu equilíbrio espiritual. A maior parte dos casos resulta do esgotamento da energia espiritual, que pode ser canalizada para atividades boas ou ruins logo após grandes conquistas ou fracassos colossais. Elias e Jonas esgotaram sua energia espiritual para executar grandes renascimentos. Nos dois casos, o sucesso deles foi seguido por uma depressão que levou ao suicídio. Os escritos a seguir descrevem o momento logo após seus grandes sucessos:

Elias:

> Ora, Acabe contou a Jezabel tudo o que Elias tinha feito e como havia matado todos aqueles profetas à espada. Por isso Jezabel mandou um mensageiro a Elias para dizer-lhe: "Que os deuses me castiguem com todo o rigor se amanhã nesta hora eu não fizer com a sua vida o que você fez com a deles."
>
> Elias teve medo e fugiu para salvar-se. Em Berseba de Judá ele deixou o seu servo e entrou no deserto, caminhando um dia. Chegou a um pé de giesta, sentou-se debaixo dele e orou, pedindo a morte: "Já tive o bastante, Senhor. Tira a minha vida; não sou melhor do que os meus antepassados." (1 Reis 19:1-4)

Jonas:

> Ao nascer do sol, Deus trouxe um vento oriental muito quente, e o sol bateu na cabeça de Jonas ao ponto de ele quase desmaiar. Com isso ele desejou morrer e disse: "Para mim seria melhor morrer do que viver." (Jonas 4:8)

Muitos líderes empresariais hoje estão tão ocupados renovando ou reerguendo suas organizações que deixaram de gastar tempo renovando e reerguendo a si mesmos. Estiveram tão ocupados com a produção que não reconstruíram sua própria capacidade de produzir.

Todos nós estamos sujeitos a sair dos trilhos e ocasionalmente abandonar disciplinas espirituais como as orações, o estudo da Bíblia, a meditação sobre as Escrituras e a solidariedade cristã. Essas disciplinas são fundamentais para a manutenção da energia espiritual e emocional e o afastamento delas por muito tempo nos deixa vazios e deprimidos. Neste momento, seria útil reavaliar quais são as disciplinas necessárias para construir ou manter a energia emocional e espiritual que você vai precisar para prosperar em casa e no trabalho em tempos difíceis.

das a você. "Busquem, pois, em primeiro lugar o reino de Deus e a sua justiça, e todas essas coisas serão acrescentadas a vocês." (Mateus 6:33)

2. Use um diário de agradecimento para combater o estresse criando uma perspectiva de gratidão diária.
3. Desenvolva disciplinas espirituais como orações matutinas, meditação sobre as Escrituras, solidariedade na igreja e coisas desse tipo para alimentar seu espírito e armá-lo para combater a natureza carnal que luta pelo controle da sua mente, da sua vontade e das suas emoções.

Resumo

A busca do equilíbrio mental, emocional, físico e espiritual não é uma meta, mas uma jornada que dura a vida toda. Como em qualquer viagem longa, é provável que você se afaste do caminho de tempos em tempos. Porém, quanto mais depressa reconhecer os desvios e corrigir o curso, mais seu desempenho geral vai melhorar. Na verdade, um descuido em qualquer uma das quatro áreas afetará seu desempenho geral. Por exemplo, quando sua saúde fica comprometida, seus relacionamentos são afetados. Quando estes não vão bem e o deixam estressado, sua saúde e seu estado mental são afetados. Deixe o seu lado espiritual sair demais dos trilhos e você ficará muito confuso! Por outro lado, uma melhora em qualquer uma das quatro áreas pode ter um impacto positivo em seu desempenho geral. Como o equilíbrio é crucial tanto para sua vida pessoal quanto para a profissional, você não pode se dar ao luxo de negligenciar as disciplinas produtivas que alimentam sua natureza espiritual. Incorpore atividades diárias e semanais para cuidar de cada área e, em seguida, faça delas um hábito. Quando se empenha em trazer equilíbrio para sua vida, você consegue trabalhar e viver, em vez de ser levado pelo trabalho e pela vida.

Revelação

Talvez as palavras mais eficazes para encontrar o equilíbrio em sua vida sejam "esteja presente". Quando estiver em casa, *esteja presente!* Quando estiver com sua família no fim de semana ou nas férias, *esteja presente!* E quando estiver no trabalho, *esteja presente* também. Engaje-se plenamente onde quer que você esteja no momento porque uma das coisas mais desgastantes e estressantes da vida é estar fisicamente em um lugar, mas com a cabeça em outro.

Como líder empresarial, você precisa ir além do mero objetivo de ganhar bem para viver bem. Precisa acrescentar anos à sua vida e vida aos seus anos. Afinal, de que serve ficar rico, mas doente, solitário ou sem rumo espiritual? Lembre-se das palavras de Jesus:

> Então lhes contou esta parábola: "A terra de certo homem rico produziu muito. Ele pensou consigo mesmo: 'O que vou fazer? Não tenho onde armazenar minha colheita.'

Então disse: 'Já sei. Vou derrubar os meus celeiros e construir outros maiores, e ali guardarei toda a minha safra e todos os meus bens. E direi a mim mesmo: Você tem grande quantidade de bens armazenados para muitos anos. Descanse, coma, beba e alegre-se.'

Contudo, Deus lhe disse: 'Insensato! Essa mesma noite a sua vida será exigida. Então, quem ficará com o que você preparou?'

Assim acontece com quem guarda para si riquezas, mas não é rico para com Deus." (Lucas 12:16-21)

Exercício prático

1. Avalie as quatro áreas fundamentais de equilíbrio e classifique cada setor, atribuindo o número 1 ao que você acredita que esteja mais equilibrado na sua vida neste momento, 2 ao segundo mais equilibrado e assim por diante:
   __ Mental: crescimento pessoal e aprendizado contínuo.
   __ Emocional: a saúde de seus relacionamentos na sua vida pessoal e profissional.
   __ Físico: equilíbrio físico; o cuidado com seu corpo.
   __ Espiritual: a força do seu relacionamento com Deus evidenciado por sua disciplina espiritual constante.
2. Liste um passo específico que você dará para melhorar o equilíbrio em cada setor.
   A. Mental:
   ____
   B. Emocional:
   ____
   C. Físico:
   ____
   D. Espiritual:
   ____

CAPÍTULO 7

Como administrar seu dinheiro de acordo com a Bíblia

Gênese

Muitos cristãos não gostam de falar sobre dinheiro, sobretudo se o assunto estiver relacionado a doação. Alguns princípios bíblicos os deixam incomodados e temerosos no que diz respeito às finanças. No entanto, a Bíblia aborda esse tema com frequência, assim como Jesus costumava fazer. Mais de 2.350 versículos tratam de dinheiro ou posses, assim como 16 das 38 parábolas de Jesus. Não é preciso ter medo do que a Bíblia tem a dizer sobre dinheiro porque as leis de Deus não têm como objetivo nos punir ou restringir, mas nos abençoar quando entendemos e aplicamos Seus princípios.

Descobri que muitas pessoas gostam de se fazer de tolas quando se trata de saber o que Deus diz sobre administrar dinheiro. A dívida é uma maldição? Devo pagar o dízimo? Devo evitar sociedades? Mas será que Deus não entenderia que, nos negócios, precisamos fazer isso para ter lucro? Há consequências para quem engana a Deus? Não devo assinar um empréstimo com um amigo? E a lista de perguntas desse tipo poderia prosseguir por páginas a fio.

Este capítulo apresenta as respostas da Bíblia para quatro importantes perguntas sobre finanças. Para muitos leitores, talvez este seja um dos capítulos mais importantes do livro, pois a busca do sucesso empresarial pode ser uma tentação para que nos afastemos de Deus e busquemos dinheiro. Você pode até conquistar sua independência financeira, mas não queira se tornar independente de Deus. A maioria dos homens de negócios ficaria horrorizada se fosse rotulada como alguém que persegue ídolos. No entanto, dinheiro e sucesso podem se tornar ídolos quando você começa a dedicar mais atenção e afeto a eles do que a Deus.

A época atual é marcada pelo materialismo e consumismo extremos. Em períodos como este, é de esperar que Deus cause crises econômicas para chamar nossa atenção de volta para Ele e nos libertar dos ídolos que perseguimos e adoramos. Ao dar desfalques, usar os recursos de forma errônea e abusar do dinheiro e da confiança a fim de enriquecer, líderes empresariais acabam se tornando os piores perpetradores da idolatria material. Veja o número crescente de empresas antes consideradas invulneráveis que se tornaram insolventes enquanto seus líderes são humilhados, perdem tudo o que conquistaram e às vezes acabam presos. Durante uma profunda crise econômica, Deus tira dos orgulhosos e gananciosos as posses que eles tanto valorizam. Infelizmente, essa é a única maneira de que Ele dispõe para desviar algumas pessoas de sua jornada negligente em busca de tesouros terrenos à custa de riquezas celestiais.

Ao contrário do que muitos dizem, o dinheiro não é a raiz de todo mal. Essa afirmação é uma distorção do que está na Bíblia: "Pois o amor ao dinheiro é a raiz de todos os males. Algumas pessoas, por cobiçarem o dinheiro, desviaram-se da fé e se atormentaram com muitos sofrimentos." (1 Timóteo 6:10) Francamente, o dinheiro pode ser a raiz de todo o bem quando ganho com o espírito certo e usado de acordo com as pretensões de Deus. Mas não se iluda: você não pode estar enganado em relação ao dinheiro e certo em relação a Deus. Se este capítulo o deixa incomodado, é porque ele tem muito a lhe ensinar. Se você for capaz de descartar alguns dos pensamentos convencionais a respeito das finanças e manter a mente aberta, descobrirá que os princípios bíblicos aplicados a essa área fazem muito sentido para sua vida pessoal e profissional. Você ficará ainda mais feliz ao descobrir como eles funcionam bem quando são aplicados.

O que a Bíblia diz sobre ganhar e doar dinheiro?

Ao longo da Bíblia, o dinheiro é um dos tópicos que mais concorrem com Deus para atrair nosso afeto e atenção. Na verdade, no Livro do Deuteronômio, Deus esclarece logo de início as origens da prosperidade, bem como sua tendência a nos fazer esquecê-Lo.

A. **É Deus que nos dá o poder de ganhar e obter riqueza.**

"Mas lembrem-se do Senhor, o seu Deus, pois é ele que dá a vocês a capacidade de produzir riqueza." (Deuteronômio 8:18)

Talvez seja por isso que Paulo partiu para humilhar os abastados, para que eles não se sentissem superiores aos carentes:

"Pois quem torna você diferente de qualquer outra pessoa? O que você tem que não tenha recebido? E, se o recebeu, por que se orgulha, como se assim não fosse?" (1 Coríntios 4:7)

B. **Deus percebe o perigo de você se tornar autossuficiente após prosperar.** Suas palavras para a jovem nação de Israel constituem advertências para nós hoje em dia:

"Tenham o cuidado de não se esquecer do Senhor, o seu Deus, deixando de obedecer aos seus mandamentos, às suas ordenanças e aos seus decretos que hoje ordeno a vocês. Não aconteça que, depois de terem comido até ficarem satisfeitos, de terem construído boas casas e nelas morado, de aumentarem os seus rebanhos, a sua prata e o seu ouro e todos os seus bens, o seu coração fique orgulhoso e vocês se esqueçam do Senhor, o seu Deus, que os tirou do Egito, da terra da escravidão. Ele os conduziu pelo imenso e pavoroso deserto, por aquela terra seca e sem água, de serpentes e escorpiões venenosos. Ele tirou água da rocha para vocês e os sustentou no deserto com maná, que os seus antepassados não conheciam, para humilhá-los e prová-los, a fim de que tudo fosse bem com vocês. Não digam, pois, em seu coração: 'A minha capacidade e a força das minhas mãos ajuntaram para mim toda esta riqueza.'" (Deuteronômio 8:11-17)

BÊNÇÃO "Nenhum servo pode servir a dois senhores; pois odiará um e amará outro, ou se dedicará a um e desprezará o outro. Vocês não podem servir a Deus e ao Dinheiro." (Lucas 16:13)

Tudo o que temos provém de Deus. Portanto, não deixe que as bênçãos que Ele lhe dá façam com que você O esqueça. Com isso em mente, você pode entender por que doar é um ato tão recomendado e exigido ao longo da Bíblia. Afinal, você só está devolvendo a Deus uma parte do que é Dele. Ao doar, você demonstra que ainda depende de Deus e não das coisas temporais que podem torná-lo orgulhoso e independente.

Doze argumentos a favor das doações

1. **Você receberá proporcionalmente ao que doa.** Ao doar de má vontade ou por uma sensação de obrigação, você está errando o alvo. Doe pelo prazer de ajudar os outros e pela vontade de fazer a diferença, e não porque sente que deve doar. Às vezes, sua situação financeira desfavorável pode convencê-lo de que não faz sentido doar porque você não pode arcar com esse gasto. Então, lembre-se de que doar não é uma questão lógica, mas algo que vem do coração. É uma oportunidade para demonstrar fé, obediência e

compaixão e para que Deus retribua, satisfazendo suas necessidades.

> Há quem dê generosamente e veja aumentar suas riquezas; outros retêm o que deveriam dar e caem na pobreza. O generoso prosperará; quem dá alívio aos outros, alívio receberá. (Provérbios 11:24-25)

> Lembrem-se: aquele que semeia pouco também colherá pouco, e aquele que semeia com fartura também colherá fartamente. Cada um dê conforme determinou em seu coração, não com pesar ou por obrigação, pois Deus ama quem dá com alegria. (2 Coríntios 9:6-7)

2. **Jesus está observando seus hábitos de doação.** Uma das histórias mais conhecidas da Bíblia é a da viúva que doou suas duas últimas moedinhas à igreja. A doação foi impressionante porque não lhe sobrou nada depois. Esse episódio aconteceu perto do fim da vida de Jesus. Embora ele estivesse no templo, não estava falando nem pregando naquele momento específico. Sentado, observava o que as pessoas iam até o templo doar. Como Hebreus 13:8 nos conta que Jesus é o mesmo ontem, hoje e sempre, você pode ter certeza de que ele também está observando seus hábitos de doação, pois poucas coisas revelam mais sobre o estado do seu coração do que aquilo que você dá e o que decide guardar para si.

> Jesus sentou-se em frente ao lugar onde eram colocadas as contribuições e observava a multidão colocando o dinheiro nas caixas de ofertas. Muitos ricos lançavam ali grandes quantias. Então, uma viúva pobre chegou-se e colocou duas pequeninas moedas de cobre, de muito

pouco valor. Chamando a si os seus discípulos, Jesus declarou: "Afirmo que esta viúva pobre colocou na caixa de ofertas mais do que todos os outros. Todos deram do que lhes sobrava; mas ela, da sua pobreza, deu tudo o que possuía para viver." (Marcos 12:41-44)

3. **Doar a Deus deve ser uma prioridade, e não o que sobrou depois que todo o resto já foi pago.** Isso significa que, ao pagar o dízimo – doar 10% de tudo o que você ganha –, o cálculo deve ser feito em relação à sua renda bruta, e não líquida. Se quiser, invente desculpas para não fazer isso, mas encontrar subterfúgios para Deus não é uma boa ideia.

    Honre o Senhor com todos os seus recursos e com os primeiros frutos de todas as suas plantações; os seus celeiros ficarão plenamente cheios, e os seus barris transbordarão de vinho. (Provérbios 3:9-10)

4. **Deixar de pagar o dízimo e fazer contribuições é enganar a Deus.** Não pense nem por um momento que Deus quer que você pague o dízimo porque Ele precisa do seu dinheiro. Isso não é verdade. O que O preocupa é a condição do seu coração, que permite ou impede que você seja capaz de ser obediente e se separar de uma parte do que Ele deu a você. É surpreendente como muitos cristãos, que dizem confiar em Cristo para serem salvos, não confiam a Ele suas finanças.

    Pode um homem roubar de Deus? Contudo vocês estão me roubando. E ainda perguntam: "Como é que te roubamos?" Nos dízimos e nas ofertas. (Malaquias 3:8)

5. **A única vez em toda a Bíblia em que Deus pediu que O testássemos foi em relação à doação.** Isso porque o dízimo

foi feito para beneficiar você, e não Deus! Ele quer que você desenvolva sua fé a ponto de ser capaz de abrir mão de uma parte da prosperidade que Ele lhe enviou, tendo assim suas necessidades satisfeitas novamente em retribuição! Doe 10% da sua renda pessoal e também 10% do lucro da sua empresa. Dar mais do que 10% ou doar seu tempo, conhecimento, roupas ou outros materiais não é considerado parte do dízimo, mas uma contribuição, que é o que você doa além do dízimo.

> "Tragam o dízimo todo ao depósito do templo, para que haja alimento em minha casa. Ponham-me à prova", diz o Senhor dos Exércitos, "e vejam se não vou abrir as comportas dos céus e derramar sobre vocês tantas bênçãos que nem terão onde guardá-las." (Malaquias 3:10)

6. **O dízimo não é apenas uma "Lei do Antigo Testamento", mas é ordenado por Cristo.** Uma desculpa comum para não pagar o dízimo é que essa é uma ordem do Antigo Testamento, e não do Novo. Isso simplesmente não é verdade. Em nenhum trecho do Novo Testamento você encontrará registro sobre a suspensão do pagamento do dízimo. Além disso, Jesus foi claro ao dizer que você deve pagá-lo:

> Ai de vocês, mestres da lei e fariseus, hipócritas! Vocês dão o dízimo da hortelã, do endro e do cominho, mas têm negligenciado os preceitos mais importantes da lei: a justiça, a misericórdia e a fidelidade. Vocês devem praticar estas coisas, sem omitir aquelas. (Mateus 23:23)

Se Cristo nos instrui claramente a não omitir algo, é bastante óbvio que Ele espera que nós sigamos sua orientação.

7. **A incapacidade de doar de acordo com as leis de Deus faz com que você se afaste Dele.** A desobediência sempre causa uma separação de Deus porque se trata de um pecado. Embora você talvez nunca se afaste intencionalmente da presença, da proteção e da bênção de Deus, acaba se distanciando de qualquer modo quando deixa de seguir suas ordens.

   > "Desde o tempo dos seus antepassados vocês se desviaram dos meus decretos e não os obedeceram. Voltem para mim e eu voltarei para vocês", diz o Senhor dos Exércitos. "Mas vocês perguntam: 'Como voltaremos?'" (Malaquias 3:7)

   Leia novamente o item 4 – Malaquias 3:8 – para entender como as pessoas se afastaram de Deus.

8. **Deus pode optar por frustrar nossos esforços de satisfazer nossas necessidades se não prestarmos atenção à Sua Igreja ou ao Seu povo carente.** Em Malaquias 3:11-12, Deus promete ameaçar o gafanhoto por aqueles que pagam o dízimo: "Impedirei que pragas devorem suas colheitas, e as videiras nos campos não perderão o seu fruto", diz o Senhor dos Exércitos. "Então todas as nações os chamarão felizes, porque a terra de vocês será maravilhosa." Essa promessa também significa que Ele pode optar por não ameaçar o gafanhoto para aqueles que são desobedientes, resultando em uma maldição para seus esforços atuais a fim de prosperar. Na verdade, a ausência de bênção em qualquer área dos seus negócios ou da sua vida é muitas vezes a prova de uma maldição causada pela desobediência.

   > Vocês estão debaixo de grande maldição porque estão me roubando; a nação toda está me roubando. (Malaquias 3:9)

> Agora, assim diz o Senhor dos Exércitos: "Vejam aonde os seus caminhos os levaram. Vocês têm plantado muito e colhido pouco. Comem, mas não se fartam. Bebem, mas não se satisfazem. Vestem-se, mas não se aquecem. Aquele que recebe salário, recebe-o para colocá-lo numa bolsa furada." "Vejam aonde os seus caminhos os levaram! Subam o monte para trazer madeira. Construam o templo, para que eu me alegre e nele seja glorificado", diz o Senhor. "Vocês esperavam muito, mas, eis que veio pouco. E o que vocês trouxeram para casa eu dissipei com um sopro. E por que o fiz?", pergunta o Senhor dos Exércitos. "Por causa do meu templo, que ainda está destruído enquanto cada um de vocês se ocupa com a própria casa. Por isso, por causa de vocês, o céu reteve o orvalho e a terra deixou de dar o seu fruto. (Ageu 1:5-10)

9. **Não dê ouvidos aos homens ou às filosofias que criam as próprias regras para doações.** Uma pessoa que participou de meu seminário me contou que seu pastor disse aos membros pobres da igreja que eles podiam pagar metade do dízimo. Pedi que ela me mostrasse a escritura que afirma o que o pastor dissera, mas não foi possível. O pastor errou ao acrescentar algo às palavras de Deus, mas ela também não devia ter adotado a sabedoria de um homem porque era mais fácil do que obedecer ao Senhor.

> Cada palavra de Deus é comprovadamente pura; Ele é um escudo para quem Nele se refugia. Nada acrescente às palavras Dele, do contrário, irá repreendê-lo e mostrará que você é mentiroso. (Provérbios 30:5-6)

10. **Por mais que você tente, não é possível comprar Deus.** Pagar dízimos e fazer contribuições não desculpa nem cancela os outros pecados! Muitas pessoas doam porque se sentem culpadas. Enganam um cliente ou um funcionário e, então, põem um pouco mais no prato das contribuições. Se você se encaixa nessa descrição, um bom conselho seria poupar seu dinheiro e tranquilizar seu coração.

    Pois desejo misericórdia e não sacrifícios; conhecimento de Deus em vez de holocaustos. (Oseias 6:6)

    Fazer o que é justo e certo é mais aceitável ao Senhor do que oferecer sacrifícios. (Provérbios 21:3)

11. **Se seu principal objetivo é ganhar dinheiro e acumular riqueza, essas coisas nunca o satisfarão.** Isso explica por que aqueles que constroem a vida em torno de coisas materiais e se tornam milionários ou bilionários muitas vezes se veem com o vazio de uma criança que abre seu último presente na manhã de Natal e pensa: "É só isso?"

    Quem ama o dinheiro jamais terá o suficiente; quem ama as riquezas jamais ficará satisfeito com os seus rendimentos. Isso também não faz sentido. (Eclesiastes 5:10)

12. **Você deve doar para levar glória a Deus, e não para ganhar reconhecimento.** Esta é a vantagem de doar a outros cristãos: eles agradecerão a Deus e darão glória a Ele. É importante que você decline o elogio das pessoas que recebem sua ajuda e direcione os agradecimentos delas para Deus. Faça doações anônimas sempre que puder. É por isso que Cristo nos instruiu a doar, rezar e jejuar secretamente...

> ...para que não pareça aos outros que você está jejuando, mas apenas a seu Pai, que vê em secreto. E seu Pai, que vê em secreto, o recompensará. (Mateus 6:18)

> Assim brilhe a luz de vocês diante dos homens, para que vejam as suas boas obras e glorifiquem ao Pai de vocês, que está nos céus. (Mateus 5:16)

O que o dízimo tem a ver com liderança?

Um empresário me perguntou recentemente por que eu achava necessário passar tanto tempo falando do dízimo no meu seminário. Seu principal questionamento era: "O que o dízimo tem a ver com liderança?" Achei a pergunta excelente e apropriada e explico a relação entre eles a seguir.

O dízimo demonstra obediência e humildade ao pôr Deus em primeiro lugar, características essenciais que os líderes devem ter.

O dízimo – ou a sua ausência – revela o estado do coração de um líder. Essa contribuição tem mais a ver com coração do que com dinheiro. Deus espera que os líderes tenham um coração justo perante Ele. Os líderes empresariais, em especial, tendem a idolatrar o dinheiro. Ao dar o dízimo, o líder demonstra que mantém uma relação apropriada com o dinheiro e está disposto a priorizar Deus.

Se você for suficientemente ousado para enganar Deus ou sonegar o que Lhe é devido, provavelmente tenderá a fazer o mesmo com funcionários, clientes, fornecedores e sócios. A sonegação do que é dos outros por direito vai desde elogios por um trabalho benfeito até compensação financeira.

Aqueles que pagam o dízimo alegremente e plantam sementes recebem de Deus a promessa de bênçãos. Nesse caso, um líder empresarial que se importa com sua equipe deveria estimular os funcionários a pagar o dízimo para que eles obtenham as recompensas da obediência à palavra de Deus.

No início do nosso casamento, Rhonda e eu estávamos tão duros que todos os nossos recursos eram muito escassos. Morávamos no pior trailer de um estacionamento e achávamos que tê-lo já era muita sorte. Nesse período de nossas vidas, começamos a pagar o dízimo a fim de nos tornarmos mais obedientes à palavra de Deus. O dízimo era uma disciplina para a qual, durante muito tempo, encontrávamos desculpas dizendo: "Quando tivermos mais dinheiro, pagaremos o dízimo. Deus entende nossa situação." Na verdade, as ramificações financeiras de doar o pouco dinheiro que tínhamos não faziam sentido algum. Porém, de cada precioso contracheque, doávamos 10% da renda bruta à igreja, fazendo as economias possíveis para chegar ao fim do mês. Desde esse dia, embarcamos numa jornada e tanto. Embora muitas vezes não tivéssemos nada em abundância, o básico nunca nos faltou e, ao longo das décadas, prosperamos tremendamente sob a mão fiel de Deus.

BÊNÇÃO A despeito do que você diz que é mais importante em sua vida, o modo como usa seu dinheiro revela a verdade.

O que a Bíblia fala sobre dívidas?

Após a doação de recursos, nenhum outro tópico dos princípios bíblicos relativos às finanças gera mais desconforto nos empresários do que quando falo sobre dívidas. Hoje, é difícil para as pessoas aceitarem que é errado ter dívidas. Acham que porque todo mundo está endividado é correto pegar empréstimo. Mas isso não é verdade. Embora a Bíblia nunca a classifique como pecado, a dívida é desencorajada. De fato, no Antigo Testamento, a ausência de dívidas era uma recompensa pela obediência e o fardo das dívidas era uma maldição pela desobediência:

> Se vocês obedecerem fielmente ao Senhor, o seu Deus, e seguirem cuidadosamente todos os seus mandamentos que

> hoje dou a vocês, o Senhor, o seu Deus, os colocará muito acima de todas as nações da terra. Todas estas bênçãos virão sobre vocês e os acompanharão se obedecerem ao Senhor, o seu Deus... O Senhor abrirá o céu, o depósito do seu tesouro, para enviar chuva à sua terra no devido tempo e para abençoar todo o trabalho das suas mãos. Vocês emprestarão a muitas nações e de nenhuma tomarão emprestado. (Deuteronômio 28:1-2, 12)

Veja a seguir como ser um devedor é uma maldição pela desobediência:

> Entretanto, se não obedecerem ao Senhor, o seu Deus, e não seguirem cuidadosamente todos os seus mandamentos e decretos que hoje dou a vocês, todas estas maldições cairão sobre vocês e os atingirão... Eles emprestarão dinheiro a vocês, mas vocês não emprestarão a eles. Eles serão a cabeça, e vocês serão a cauda. (Deuteronômio 28:15, 44)

BÊNÇÃO A dívida nos encurrala, pressiona e restringe como escravos. Deus não diz que a dívida é ruim para nos cercear, mas para nos libertar.

Doze consequências de tomar qualquer coisa emprestada

1. **A dívida viola as Escrituras.** Paulo disse em sua epístola aos romanos: "Não devam nada a ninguém, a não ser o amor de uns pelos outros, pois aquele que ama seu próximo tem cumprido a Lei." (Romanos 13:8)

   Não dever nada não se refere apenas a dinheiro. As dívidas podem incluir promessas, posses, refeições, tempo ou favores.
2. **A dívida o coloca em posição de escravidão em relação aos credores.** A própria natureza do empréstimo é emba-

raçosa. As palavras em hebraico para empréstimo significam embaraço e emaranhado, assumir uma obrigação, unir-se. "O rico domina sobre o pobre; quem toma emprestado é escravo de quem empresta." (Provérbios 22:7)

3. **A dívida é uma presunção quanto ao futuro.** Tomar dinheiro emprestado não demonstra fé em Deus, e sim uma presunção arrogante. "Ouçam agora, vocês que dizem: 'Hoje ou amanhã iremos para esta ou aquela cidade, passaremos um ano ali, faremos negócios e ganharemos dinheiro.' Vocês nem sabem o que acontecerá amanhã!" (Tiago 4:13-14)

   Se começar a poupar e a pagar em dinheiro por aquilo que deseja, em vez de violar a vontade de Deus tomando emprestado para obtê-lo, você saberá com muito mais clareza qual é a direção que Ele deseja dar à sua vida. Afinal de contas, se você não tem o dinheiro disponível para uma compra, e Ele não o fornece, você pode ter certeza de que aquela aquisição não era desejada por Ele ou não era necessária para você. Ao pagar pelo que é consumido, em vez de contrair dívidas, você vive mais perto da proteção de Deus e não depende de seus impulsos ou de sua sabedoria falha. Essa lógica se aplica muito bem tanto à compra de um novo vestido quanto à aquisição de uma empresa concorrente. Tenha em mente que o orgulho e a inveja são dois culpados que podem nos motivar a contrair dívidas por razões erradas.

4. **A dívida cria a ilusão de independência.** Os empréstimos criam a ilusão temporária de independência em relação à autoridade. Eles permitem que você tome decisões longe das provisões divinas. Em certo sentido, eles o tornam seu próprio Deus, permitindo que você siga em frente em vez de esperar o momento escolhido pelo Senhor. Essa atitude é condenada por Deus: "Quem poderá falar e fazer acontecer, se o Senhor não o tiver decretado?" (Lamentações 3:37)

"Vocês nem sabem o que acontecerá amanhã! Que é a sua vida? Vocês são como a neblina que aparece por um pouco de tempo e depois se dissipa. Em vez disso, deveriam dizer: 'Se o Senhor quiser, viveremos e faremos isto ou aquilo.' Agora, porém, vocês se vangloriam das suas pretensões. Toda vanglória como essa é maligna." (Tiago 4:14-16)

5. **A dívida impede a autoavaliação.** Há bons motivos quando Deus retém o dinheiro: ele está mandando um sinal para que você reavalie sua vida, seus planos financeiros e sua fé Nele. O empréstimo impede que esses propósitos se cumpram e permite que você continue a seguir a própria sabedoria, negando o lugar onde seu verdadeiro tesouro se encontra, evitando que você receba as bênçãos proporcionadas pela obediência às prescrições de Deus. "Não se enganem. Se algum de vocês pensa que é sábio segundo os padrões desta era, deve tornar-se 'louco' para que se torne sábio." (1 Coríntios 3:18)
6. **A dívida interfere com a provisão divina.** Deus quer demonstrar Seu poder sobrenatural por meio da vida dos homens e mulheres de fé. Só assim Ele pode contrastar a falsa confiança das pessoas em sua própria sabedoria, suas capacidades e riquezas. Sem se colocar em uma posição de fé e dar espaço para que Deus atue em suas finanças, você pode perder algumas de Suas maiores bênçãos. "Pois os olhos do Senhor estão atentos sobre toda a terra para fortalecer aqueles que lhe dedicam totalmente o coração." (2 Crônicas 16:9)
7. **A dívida remove barreiras para itens prejudiciais.** Há muitas coisas que você acha que serão benéficas para a sua vida, mas Deus sabe que serão prejudiciais. Para protegê-lo, Ele pode limitar seus recursos para que você não consiga pagar por elas. Ao obter o dinheiro por meio de empréstimo, você pode estar caindo em uma armadilha

que Deus tentou ajudá-lo a evitar: "Quando pedem, não recebem, pois pedem por motivos errados, para gastar em seus prazeres." (Tiago 4:3)

8. **A dívida é uma demonstração de descontentamento com os itens básicos que Deus lhe deu.** Deus prometeu fornecer alimento e roupas. Ele quer que você se contente com essas coisas. (1 Timóteo 6:8) Os empréstimos geralmente são feitos para adquirir itens que vão além das necessidades básicas. Se você pede dinheiro emprestado para artigos básicos, isso costuma ser um sinal de que o dinheiro que Deus forneceu para alimento e roupas foi usado para comprar itens não essenciais. A cobiça e, em seguida, o empréstimo para obter o que cobiçou podem fazer com que você perca sua noção de contentamento: "Não estou dizendo isso porque esteja necessitado, pois aprendi a adaptar-me a toda e qualquer circunstância. Sei o que é passar necessidade e sei o que é ter fartura." (Filipenses 4:11-12)
9. **As altas taxas de juros para pagar a dívida devoram seus recursos.** Em geral, quando as pessoas fazem um empréstimo, elas não entendem quanto vai lhes custar para usar o montante emprestado. Também não pensam em como os juros consomem seus preciosos recursos ao longo do tempo, levando a apertos em momentos de emergência ou de oportunidade. Deus espera que você seja um bom administrador do seu dinheiro e pode deter as bênçãos financeiras até que isso aconteça: "Quem é fiel no pouco, também é fiel no muito, e quem é desonesto no pouco, também é desonesto no muito. Assim, se vocês não forem dignos de confiança em lidar com as riquezas deste mundo ímpio, quem confiará as verdadeiras riquezas a vocês?" (Lucas 16:10-11)
10. **A dívida sufoca a desenvoltura.** Cristo deu dois exemplos significativos de homens que queriam comprar itens caros.

Embora não pudessem arcar com essas compras, nenhum dos dois tomou dinheiro emprestado. Em vez disso, venderam o que tinham e compraram o que queriam: "O reino dos céus é como um tesouro escondido num campo. Certo homem, tendo-o encontrado, escondeu-o de novo e, então, cheio de alegria, foi, vendeu tudo o que tinha e comprou aquele campo. O reino dos céus também é como um negociante que procura pérolas preciosas." (Mateus 13:44-45)

Só quando toma a firme decisão de que não vai pegar dinheiro emprestado você pode ficar mental, emocional e espiritualmente livre. O dinheiro "fácil" é uma influência prejudicial para as soluções criativas para necessidades financeiras.

11. **A dívida prejudica a reputação de Deus enquanto enfraquece a fé pessoal.** Deus prometeu prover suas necessidades: "O meu Deus suprirá todas as necessidades de vocês de acordo com as suas gloriosas riquezas em Cristo Jesus." (Filipenses 4:19)

    Ao fazer um empréstimo, você está dizendo ao mundo: "Deus não está cuidando de minhas necessidades, então vou cobrir a diferença com um empréstimo."

    A dívida enfraquece sua fé porque sua dependência dela indica que você não confia em Deus durante os momentos mais críticos de tomada de decisão. O fato de poder quitar o empréstimo não significa que tomar dinheiro emprestado seja a vontade de Deus. Uma prova clara da vontade Dele pode ser obtida se confiarmos que Deus proverá o dinheiro antes do tempo. Esse é o tipo de fé que agrada a Deus. "Sem fé é impossível agradar a Deus..." (Hebreus 11:6)

12. **A dívida faz você gastar demais e quebra a sólida disciplina financeira.** Por trás dos gastos excessivos está uma ausência de autocontrole que gera imensa pressão no seu lar e em seu negócio. Conheci vários empresários cujos ne-

gócios prosperaram por meio de operações de expansão e aquisição, criando sinais visíveis de crescimento enquanto seus negócios eram mal conduzidos. Esse "crescimento" indicava mais o nível de sua linha de crédito do que seu tino comercial e sua liderança. Francamente, era mais divertido inflar o próprio ego fazendo transações e comprando concorrentes do que se disciplinando para aproveitar os recursos humanos, as oportunidades e os ativos em sua própria organização. Esses perdulários geralmente colocam suas companhias sobre um alicerce frágil e, após mais uma decisão errada ou um ou dois meses difíceis, se tornam insolventes. O autor dos Provérbios nos advertiu sobre esse tipo de impulsividade e falta de disciplina: "Não é bom ter zelo sem conhecimento, nem ser precipitado e perder o caminho." (Provérbios 19:2)

BÊNÇÃO Quando Deus não fornece o dinheiro, Satã nos tenta a obtê-lo de outras maneiras. "Os que querem ficar ricos caem em tentação, em armadilhas e em muitos desejos descontrolados e nocivos, que levam os homens a mergulharem na ruína e na destruição." (1 Timóteo 6:9)

Como dar uma reviravolta triunfante

A Bíblia nunca declara que a dívida é um pecado. Por isso, Deus não o punirá diretamente por você ter contraído dívidas. Em vez disso, ter tomado uma decisão ruim cria as condições para que você puna a si mesmo desperdiçando recursos, sendo impulsivo e se estressando. Isso tudo pode arranhar sua reputação e abalar sua fé, ao depender mais de sua linha de crédito do que de Deus para prover suas necessidades. O que acontece é que, embora a dívida não seja um pecado, as consequências dela podem fazer você se comportar de maneira pecaminosa, afastando-o de Deus e de Suas bênçãos. A dívida pode fazer você alimentar a inveja, a cobiça, o ressentimento e a amargura, fazendo-o perder a paz e a alegria e levando-o a agir sem amor. Ao avaliarmos as crises financeiras que viram o mundo de pernas para o ar de tempos em tempos, vemos que elas normalmente são causadas por dívidas. As pessoas compram casas maiores e carros melhores do que poderiam e, depois, descobrem que não têm como arcar com os pagamentos ou com as taxas de juros cada vez mais altas. Essas questões tomam vulto e criam um efeito dominó na economia que faz os bancos fecharem, empresas declararem falência ou demitirem funcionários e o governo lançar mão de pacotes que geram ainda mais dívidas e déficits. Portanto, é possível cogitar que a dívida pode ser a causa da falta de moradia, do crédito arruinado, dos divórcios, das famílias desfeitas e dos suicídios. As advertências da Bíblia em relação às dívidas têm como objetivo nos proteger, e não nos cercear. A palavra e a sabedoria de Deus sempre prevalecerão sobre as ideias, tendências e filosofias dos homens.

Então, o que fazer se você está com dívidas e quer se tornar mais obediente aos ensinamentos da Bíblia sobre esse assunto? Primeiro, pare de contrair novas dívidas e comece a depender mais de Deus para prover os recursos de que você precisa antes de fazer uma compra. Se não foi possível, Ele fez isso para evitar que você cometesse um erro. Segundo, comece a pagar a dívida de acordo com suas possibilidades, seja vendendo ativos ou simplificando seu estilo de vida para que você comece a desenvolver a disciplina financeira que abre as portas para as bênçãos de Deus. Não ache que você precisa estar totalmente livre de dívidas para receber novas bênçãos financeiras de Deus porque Ele não deterá Suas bênçãos até que você tenha chegado ao destino desejado. Em vez disso, Ele começa a abençoar o rumo que você está tomando quando você atua de acordo com Sua vontade e autoridade. Afinal, Deus não esperou os 40 anos que a nação de Israel demorou para chegar à Terra Prometida para começar a abençoá-la. Ele abençoou e liderou seu povo enquanto as pessoas estavam a caminho de seu destino – mesmo quando elas tropeçavam, duvidavam e se rebelavam.

O que a Bíblia diz das pessoas desonestas que prosperam?

Por que alguns vigaristas prosperam? Enquanto ministrava uma conferência para centenas de pastores em Moscou, um participante perguntou: "Por que a máfia neste país vive tão bem enquanto muitos crédulos vivem na pobreza?" "Não é da sua conta. Isso é problema de Deus e nem sempre seremos capazes de entender Seus motivos" foi a minha resposta. Além disso, ao se preocupar com questões como essa, você pode perder seu próprio senso de gratidão pelo que possui. Também indiquei vários trechos fundamentais das Escrituras que nos ajudam a ficar em paz com a ideia de que muitas pessoas desonestas e inescrupulosas nos negócios prosperam, ao passo que os honestos levam uma vida sem luxos.

A. **"A bênção do Senhor traz riqueza e não inclui dor alguma."** (Provérbios 10:22)

   Sem a bênção do Senhor em suas riquezas, você pode ter dinheiro, mas ser carente em outras áreas essenciais da sua vida: saúde física, relacionamentos saudáveis, vazio pessoal, briga com cônjuges e filhos, perda do que ganhou desonestamente e coisas desse tipo. É por isso que, em Salmos 16:4, está escrito: "Multiplicam seus ídolos, correm atrás deles."

   Neste caso, o ídolo pode ser considerado a busca por dinheiro ou o sucesso material a qualquer custo.

B. **"Não se aborreça por causa dos maus, nem tenha inveja dos ímpios, pois não há futuro para o mau, e a lâmpada dos ímpios se apagará."** (Provérbios 24:19-20)

   Em outras palavras, um dia o acerto de contas chegará para eles. Você deve ter pena, e não inveja, deles. Salmos

34:10-11 garante que Deus ainda está no controle: "Temam o Senhor, vocês que são os seus santos, pois nada falta aos que temem. Os leões podem passar necessidade e fome, mas os que buscam o Senhor de nada têm falta."

Por que os maus prosperam enquanto os crédulos às vezes sofrem? Isso cabe a Deus saber e a nós descobrir, mas provavelmente não nesta vida. Por enquanto, encontre alívio em Jeremias 17:9-10: "O coração é mais enganoso que qualquer outra coisa e sua doença é incurável. Quem é capaz de compreendê-lo? Eu sou o Senhor que sonda o coração e examina a mente, para recompensar a cada um de acordo com a sua conduta, de acordo com as suas obras." Cuide da sua vida. Mantenha seu coração no caminho certo. Tenha fé na sabedoria extrema e nos caminhos de Deus.

BÊNÇÃO "O homem que obtém riquezas por meios injustos é como a perdiz que choca ovos que não pôs. Quando a metade da sua vida tiver passado, elas o abandonarão, e, no final, ele se revelará um tolo." (Jeremias 17:11)

Devo pagar tributos a um governo que usa o dinheiro para propósitos imorais?

Ao longo dos séculos, os cidadãos usaram o descontentamento com o governo como motivo para trapaceá-lo. Em Mateus 17:22-23, Jesus acaba de anunciar a seus discípulos que Ele logo será traído e assassinado. Nem é preciso dizer que Ele tinha muito no que pensar. No versículo seguinte, Pedro é questionado pelos coletores de impostos: "O mestre de vocês não paga o imposto do templo?" Pedro responde afirmativamente e depois, ao conversar com Jesus, é instruído a lançar um anzol no mar e encontrar uma moeda de quatro dracmas na boca do primeiro peixe que pegasse para pagar seu imposto e o de Jesus a fim de "não ofendê-los". Em outras palavras, embora soubesse que logo seria assassinado por líderes religiosos injustos e seu governo, Jesus honrou aquelas mesmas entidades pagando o que devia.

Mais à frente, em Mateus 22, os fariseus preparam uma cilada para Cristo perguntando se era lícito pagar impostos a "César", que representava a força de ocupação que oprimia o povo judeu e era temida e desprezada por ele. Basta dizer que nenhum dos judeus presentes podia escolher quem os governava, muito menos votar no candidato A ou no candidato B. Porém, Jesus deu a famosa resposta: "Então, deem a César o que é de César e a Deus o que é de Deus." Em outras palavras, se algo pertence a eles, dê a eles. Isso significa que você não deve trapacear, nem reivindicar descontos duvidosos, nem sonegar rendimentos, nem deixar de declarar o que seu governo lhe pede.

Em Romanos 13, Paulo instrui seus seguidores a se sujeitarem às autoridades governamentais. Na verdade, ele disse isso porque elas eram nomeadas por Deus, portanto se seus ouvintes resistissem à autoridade delas, também estariam resistindo às ordens divinas e seriam julgados. No versículo 7, Paulo diz: "Deem a cada um o que lhe é devido: se imposto, imposto; se tributo, tributo; se temor, temor; se honra, honra."

Podemos concluir, então, que Deus espera que paguemos os tributos ao governo, quer ele seja do nosso agrado ou não, quer tenhamos votado em seus representantes ou não, e nos garante que, se não fizermos isso, seremos julgados. Muitos tentaram justificar fraudes alegando que o governo é imoral e emprega mal os recursos que recebe. O mesmo acontecia com o governo na época de Cristo, mas ele não usou essa desculpa para que deixássemos de seguir suas instruções.

Na verdade, ao longo das Escrituras, você também é instruído a rezar pelas autoridades governamentais. No entanto, não consigo encontrar nenhuma ocasião em que essa orientação fosse suspensa no caso de as pessoas que estão no poder não serem aquelas que você apoia. Trapacear as mesmas pessoas que você é instruído a honrar e pelas quais deve rezar seria uma contradição e violação dos mandamentos de Deus. Além disso, quando você consegue justificar e desculpar mentiras, trapaças ou roubos em relação a uma pessoa ou a um grupo, o que o impede de expandir seu círculo de racionalização para incluir clientes, parentes ou funcionários dos quais não gosta?

Antes de se tornar um líder íntegro, você deve aprender a seguir outros líderes e se sujeitar à autoridade deles, a despeito das diferenças. Na verdade, talvez o maior teste de caráter aconteça quando você discorda de autoridades legítimas, mas se recusa a exigir que as coisas sejam feitas da sua maneira ou a justificar seus atos. Esse é um sinal de que seu coração está no caminho certo, e Deus honrará um coração correto trazendo-lhe mais oportunidades de liderança e prosperidade a seus negócios.

> Por causa do Senhor, sujeitem-se a toda autoridade constituída entre os homens; seja ao rei, como autoridade suprema, seja aos governantes, como por ele enviados para punir os que praticam o mal e honrar os que praticam o bem. Pois é da vontade de Deus que, praticando o bem, vocês silenciam a ignorância dos insensatos. Vivam como pessoas livres, mas não usem a liberdade como desculpa para fazer o mal; vivam como servos de Deus. (1 Pedro 2:13-16)

BÊNÇÃO "Tratem a todos com o devido respeito: amem os irmãos, temam a Deus e honrem o rei." (1 Pedro 2:17)

O que a Bíblia diz de sócios e sociedades?

Uma *sociedade comercial* pode ser definida como uma união legalmente vinculante de duas ou mais pessoas para a realização de negócios, dos quais elas dividem despesas, lucros e prejuízos. Portanto, as sociedades comerciais diferem das alianças estratégicas, nas quais despesas, lucros e prejuízos em geral não são divididos. A Bíblia faz várias afirmações claras no que diz respeito aos perigos das sociedades comerciais. Naturalmente, a maioria dos sócios, ou dos sócios em potencial, diz que o relacionamento especial ou as circunstâncias faz deles uma exceção a esses princípios. Por certo tempo, isso pode parecer verdadeiro, mas, no longo prazo, a sabedoria e a advertência da palavra de Deus em relação às sociedades se tornarão dolorosamente óbvias.

Quatro problemas das sociedades comerciais

1. **As sociedades comerciais põem em risco a sua reputação.** Ao constituir uma sociedade comercial, você associa sua reputação à do(s) seu(s) sócio(s). Você pode ganhar os amigos deles, mas também herdará seus inimigos. À medida que a sociedade continua, você vai se associar às decisões que seu sócio toma no trabalho e fora dele. Por estar em uma sociedade, você não tem controle pleno dessas decisões.

   Deus abençoou o rei Josafá, que "...tinha grande riqueza e honra..." (2 Crônicas 18:1), além de um bom nome. No entanto, quando Josafá se associou ao malvado rei Acab, ele prejudicou muito a própria reputação. Em vez de receber riquezas e honra, recebeu a repreensão e a ira de Deus. Em 2 Crônicas 20, ele terminou seu reinado se aliando a outro parceiro malvado: Acazias, rei de Israel. O versículo 37 transmite a má notícia a Josafá: "Por haver feito um tratado com Acazias, o Senhor destruirá o que você fez."
2. **As sociedades comerciais atrapalham sua liberdade de obedecer a Deus.** Ele quer que você seja livre para seguir as instruções das Escrituras em relação a decisões empresariais. Em uma sociedade comercial, você delega parte da autoridade a outras pessoas que talvez não entendam

ou não apreciem os princípios financeiros da Bíblia. Tanto por ignorância quanto por corrupção, os sócios que não compartilham dos seus valores bíblicos podem levá-lo a cometer falhas de caráter, maltratar funcionários ou clientes e violar leis. Você compartilhará a culpa por essas ofensas e também suas consequências. Paulo adverte: "Não se deixem enganar: as más companhias corrompem os bons costumes. Como justos, recuperem o bom senso e parem de pecar; pois alguns há que não têm conhecimento de Deus; digo isso para vergonha de vocês." (1 Coríntios 15:33-34)

3. **As sociedades comerciais nos forçam a dividir qualquer punição que Deus dá a nosso sócio.** Deus usa a perda financeira como um meio para disciplinar severamente aqueles que violam Suas leis. Quem comete adultério, por exemplo, é punido com uma renda mísera por causa do julgamento divino. (Provérbios 6:29) O bêbado e o glutão também se tornam pobres. (Provérbios 23:21) Se seu sócio está violando aberta ou secretamente as leis de Deus, você compartilhará de sua perda quando Ele o disciplinar.
4. **As sociedades comerciais com incrédulos são fortemente desencorajadas.** Este é um ponto tão importante que Deus o enfatiza longamente: "Não se ponham em jogo desigual com descrentes. Pois o que têm em comum a justiça e a maldade? Ou que comunhão pode ter a luz com as trevas? Que harmonia entre Cristo e Belial? Que há de comum entre o crente e o descrente? Que acordo há entre o templo de Deus e os ídolos? Pois somos santuário do Deus vivo. Como disse Deus: 'Habitarei com eles e entre eles andarei; serei o seu Deus, e eles serão o meu povo. Portanto, saiam do meio deles e separem-se', diz o Senhor. 'Não toquem em coisas impuras, e eu os receberei.'" (2 Coríntios 6:14-17)

BÊNÇÃO "A boa reputação vale mais que grandes riquezas; desfrutar de boa estima vale mais que prata e ouro." (Provérbios 22:1)

Resumo

Todas as questões financeiras abordadas neste capítulo – pagar o dízimo, evitar contrair dívidas, não se preocupar com a prosperidade de pessoas desonestas e evitar sociedades comerciais – requerem disciplina e fé. As bênçãos provenientes da obediência a esses conceitos bíblicos estão claramente delineadas na Bíblia, assim como as consequências da desobediência. Sua situação financeira, seja ela qual for, é o resultado das escolhas que você fez no passado. Para assegurar uma situação melhor no futuro, você precisa começar a tomar decisões melhores agora. Você não pode violar os princípios claramente apresentados por Deus em relação ao dinheiro e achar que vai escapar das consequências. Ao mesmo tempo, as escolhas certas atraem bênçãos financeiras que você nunca poderia esperar obter por meio de sua sabedoria e dos seus esforços. As leis de Deus são claras. Você não precisa entendê-las, basta obedecer a elas.

Revelação

Como você mantém a perspectiva quando uma reviravolta econômica pode fazer com que os negócios, a poupança, o valor da sua casa, os investimentos e o fundo de aposentadoria diminuam e, em alguns casos, desapareçam por completo? Habacuque, contemporâneo de Jeremias e Ezequiel que Deus ordenou que liderasse em tempos difíceis por volta de 622 a.C., tinha a seguinte sabedoria para compartilhar conosco:

> Mesmo não florescendo a figueira e não havendo uvas nas videiras, mesmo falhando a safra de azeitonas e não havendo produção de alimento nas lavouras, nem ovelhas

> no curral, nem bois nos estábulos, ainda assim eu exultarei no Senhor e me alegrarei no Deus da minha salvação. (Habacuque 3:17-18)

Habacuque sabia o que fazer quando as coisas pareciam totalmente sem esperança. O mundo estava desmoronando à sua volta. Para onde quer que ele olhasse, havia destruição. Mas ele sabia que Deus era maior do que as circunstâncias! Então, o que ele fez? Convidou Deus para participar de suas circunstâncias, exultando-O e louvando-O. Ele escolheu a felicidade, sabendo que aquilo o ligaria ao Deus que o libertaria! Se você realmente acredita neste versículo – "Sabemos que Deus age em todas as coisas para o bem daqueles que o amam, dos que foram chamados de acordo com o seu propósito" (Romanos 8:28) –, deve pensar em usar as dificuldades ou os reveses financeiros atuais a seu favor da seguinte maneira:

- Desvie sua confiança das "coisas" e recoloque-a em Deus como sua verdadeira fonte de segurança, paz, provisão e sabedoria.
- Continue a demonstrar fé ao pagar o dízimo, embora as pressões financeiras dificultem o cumprimento desse compromisso.
- Recuse-se a pôr a culpa em Deus, lembrando-se das palavras e da vitória final de Jó: "Saí nu do ventre da minha mãe, e nu partirei. O Senhor o deu, o Senhor o levou; louvado seja o nome do Senhor." (Jó 1:21-22) Jó não pecou nem culpou Deus.

Exercício prático

Analise os quatro princípios e pontos relativos a dinheiro e liste os três conselhos que você julga os mais importantes de cada seção:

1. ____________________
2. ____________________
3. ____________________
4. ____________________

CAPÍTULO 8

Quatro passos para formar uma equipe seguindo os ensinamentos da Bíblia

Gênese

Quando fui promovido de vendedor a gerente, eu não fazia ideia de como formar uma equipe. Na verdade, achava que, se todos nós comparecêssemos juntos ao trabalho na mesma hora e no mesmo lugar durante algumas semanas ou meses, uma equipe se desenvolveria automaticamente. Mas não é bem assim. Descobri que, às vezes, o que surge nessas condições é uma gangue ou um bando de mercenários, e não um time, porque boas equipes são formadas intencionalmente, e não por acaso.

Se contar com as pessoas certas, é quase certo que conseguirá formar uma ótima equipe. Durante anos, contratei os profissionais errados e tentei lhes ensinar a ser talentosos e dedicados. Com o tempo aprendi que você precisa contratar pessoas que tragam alguma contribuição e que deem a você um ponto de partida para trabalhar. Cometi o erro de não definir com clareza minha visão, meus valores e expectativas de desempenho, por isso acabava frustrado quando a equipe não fazia o que eu esperava. Também achava que era obrigado a dedicar os mesmos recursos e energia a todos os integrantes da equipe, mas me dei conta de que perdia tempo com pessoas de baixo rendimento, tentando elevar seu nível para que se tornassem medianas, ignorando, assim, os que tinham bom desempenho. Responsabilização era outro dos meus pontos fracos, sobretudo porque eu nunca definia padrões claros. Talvez meu maior erro fosse tornar os funcionários tão dependentes de mim a ponto de eles não conseguirem tomar nenhuma decisão quando eu não estava por perto. Eu os controlava tanto que eles não pensavam por si mesmos e nunca assumiam riscos.

Aprendi na marra que minha equipe "ruim" era um reflexo das minhas habilidades deficientes como líder e que, se eu quisesse que as pessoas à minha volta se desenvolvessem, eu precisaria começar a fazer mais coisas certas. Neste capítulo, apresentarei quatro pontos essenciais para formar uma equipe eficaz. Felizmente, a Bíblia fornece um arcabouço sólido para que isso aconteça; assim, você não precisa avançar em um processo de tentativa e erro nem confiar na própria sabedoria. É bem provável que você já esteja colocando em prática muitas dessas dicas. Algumas delas são estratégias de senso comum que os líderes descobrem com base na intuição. Outras ações são menos convencionais e exigem que você mantenha a mente aberta e siga o modelo bíblico, deixando de lado outros modelos que possa ter aprendido nos livros ou na prática. Posso prometer que, a despeito de você liderar uma ou mil pessoas, estas estratégias funcionarão se for cuidadoso e consistente em sua execução.

O maior desafio é ser consistente. Muitos líderes implantam o ciclo "rebelião, repressão, arrependimento e restauração" em suas empresas. Em outras palavras, quando as coisas estão indo bem, eles começam a se rebelar contra os princípios divinos que os levaram ao sucesso e passam a agir da maneira que julgam ser mais sagaz ou conveniente. Essas ações geram repressão, que sempre vem após a rebelião. Isso acontece quando você começa a sentir as consequências das suas escolhas ruins e da perda de moral e credibilidade, o que prejudica tanto você quanto a organização. As dificuldades que você mesmo causou geram arrependimento – você se afasta dos seus próprios métodos e se volta para Deus, concentrando-se no que realmente importa e purificando seus motivos como líder. Nesse estágio, sua equipe controla os egos, corta orçamentos, é reduzida, se reagrupa e muda de foco. O resultado do arrependimento gera restauração – quando você recupera os favores e as bênçãos por atuar de acordo com a palavra de Deus e desfruta dos benefícios da obediência. Mencionei tudo isso para enfatizar: não caia no estágio da rebelião quando atingir o sucesso. Execute estes princípios diariamente, sem concessões nem desculpas.

1. Não tenha pressa na hora de contratar

Ser apressado e negligente na hora de contratar novos profissionais é um dos erros que mais prejudicam os negócios. Você talvez possa quantificar a perda de produção causada por uma pessoa com baixo desempenho, mas a redução do ímpeto, do moral e da credibilidade resultante de uma contratação ruim é incalculável.

Três dicas para contratar bem

1. **Reze antes de decidir contratar alguém.** Por mais simples que seja este princípio, a maioria dos líderes admite que nunca faz isso. Reze para que Deus mande a pessoa certa e dê a você sabedoria e discernimento durante a entrevista. Se Jesus rezou antes de escolher seus discípulos, você deveria fazer o mesmo.

> Num daqueles dias, Jesus saiu para o monte a fim de orar, e passou a noite orando a Deus. Ao amanhecer, chamou seus discípulos e escolheu doze deles, a quem também designou apóstolos. (Lucas 6:12-13)

2. **Contrate quem já está trabalhando e é produtivo.** Uma das principais reclamações que ouço nos meus seminários é que "faltam pessoas talentosas no mercado". Isso não é

verdade. Não faltam pessoas talentosas em um setor específico. É mais provável que as pessoas mais produtivas, bem-sucedidas e eficazes já estejam empregadas. Portanto, você deve mudar sua estratégia e se concentrar mais em atrair candidatos qualificados para a empresa, em vez de querer formar uma equipe excelente com desempregados. Os discípulos que Jesus chamou estavam ocupados, realizando seu trabalho junto às pessoas. Ele foi atrás deles em vez de esperar que o procurassem. Jesus recrutou Mateus, que já estava empregado:

> Saindo, Jesus viu um homem chamado Mateus, sentado na coletoria, e disse-lhe: "Siga-me". Mateus levantou-se e o seguiu. (Mateus 9:9)

Jesus recrutou pescadores empregados que haviam trabalhado a noite toda:

> Certo dia Jesus estava perto do lago de Genesaré, e uma multidão o comprimia de todos os lados para ouvir a palavra de Deus. Viu à beira do lago dois barcos, deixados ali pelos pescadores, que estavam lavando as suas redes. Entrou num dos barcos, o que pertencia a Simão, e pediu-lhe que o afastasse um pouco da praia. Então sentou-se e do barco ensinava o povo.
>
> Tendo acabado de falar, disse a Simão: "Vá para onde as águas são mais fundas", e a todos: "Lancem as redes para a pesca."
>
> Simão respondeu: "Mestre, esforçamo-nos a noite inteira e não pegamos nada. Mas, porque és tu quem está dizendo isto, vou lançar as redes."
>
> Quando o fizeram, pegaram tal quantidade de peixes que as redes começaram a rasgar-se. Então fizeram

> sinais a seus companheiros no outro barco, para que viessem ajudá-los; e eles vieram e encheram ambos os barcos, ao ponto de começarem a afundar.
>
> Quando Simão Pedro viu isso, prostrou-se aos pés de Jesus e disse: "Afasta-te de mim, Senhor, porque sou um homem pecador!" Pois ele e todos os seus companheiros estavam perplexos com a pesca que haviam feito, como também Tiago e João, os filhos de Zebedeu, sócios de Simão. Jesus disse a Simão: "Não tenha medo; de agora em diante você será pescador de homens." Eles então arrastaram seus barcos para a praia, deixaram tudo e o seguiram. (Lucas 5:1-11)

3. **Contrate pessoas que já trazem algo a ser desenvolvido.** Você pode ensinar as pessoas a ter habilidades e conhecimento, mas não pode ensiná-las a ter talento, caráter, determinação, atitude ou energia. Essas são cinco características que vai querer encontrar nos profissionais que integrarão sua equipe. Como saber se alguém as tem? Embora nunca seja possível ter certeza absoluta, você pode melhorar suas probabilidades pesquisando a fundo durante uma entrevista o histórico e a vida dos candidatos, pois essas cinco características – ou a ausência delas – virão à tona.

   O versículo em Tiago 1:17 mostra que o talento é uma dádiva de Deus. Como líder, você precisa extrair o que há de melhor nas pessoas, mas não pode pôr dentro delas o que está faltando.

   > Toda boa dádiva e todo dom perfeito vêm do alto, descendo do Pai das luzes, que não muda como sombras inconstantes. (Tiago 1:17)

   As palavras em Atos 16:3 demonstram a importância da boa reputação e do histórico de Timóteo:

> "Os irmãos de Listra e Icônio davam bom testemunho dele. Paulo, querendo levá-lo na viagem..." (Atos 16:2-3)

Atos 18:26 dá um exemplo do espírito educável baseado no caráter de Apolo, que tinha ótima habilidade em oratória, mas carecia de doutrina sólida. Ele reagiu bem à sua correção e foi muito usado no ministério:

> [Apolo] Logo começou a falar corajosamente na sinagoga. Quando Priscila e Áquila o ouviram, convidaram-no para ir à sua casa e lhe explicaram com mais exatidão o caminho de Deus. (Atos 18:26)

Uma das lições mais úteis que aprendi ao treinar e orientar pessoas ao longo dos anos é que posso ajudá-lo a se tornar mais do que você é, mas não posso transformá-lo em algo que você não é. Em outras palavras, se você tem características que possam ser desenvolvidas, posso ajudar a aprimorar esses dons e transformar seu potencial em resultados. No entanto, se você não tem determinação, não posso fazer de você uma pessoa determinada. Se não tem disposição, não posso torná-lo mais bem-disposto. Se tem um caráter fraco, não posso transformá-lo em uma pessoa íntegra. Se não tem talento para uma tarefa, não posso torná-lo talentoso para aquela posição. E, se tem uma atitude ruim, posso alterar seu humor de vez em quando, mas não posso fazer com que você tenha uma visão positiva da vida. O conhecimento do que posso ou não controlar no comportamento e no desempenho de alguém me deixa livre para investir naquelas pessoas que têm os atributos certos e para reduzir minhas perdas com as que não os têm.

BÊNÇÃO "Não julguem apenas pela aparência, mas façam julgamentos justos." (João 7:24)

LIÇÃO BÍBLICA SOBRE LIDERANÇA

O coração supera aparência ou personalidade

Um dos maiores erros de contratação é quando, durante uma entrevista, você decide que gosta ou não do candidato por causa da aparência ou personalidade dele, ou então se baseia em suas próprias preferências, seus preconceitos ou estereótipos. Normalmente, você toma uma decisão emocional logo no início de uma entrevista e começa a perder a objetividade em relação ao fato de a pessoa ser ou não o melhor candidato para realizar o trabalho que você precisa que seja feito. Ao gostar de um candidato rápido demais, você para de avaliá-lo e começa a mostrar os pontos favoráveis do emprego, comprometendo assim todo o seu poder de barganha. Quando não gosta da pessoa, você fica entediado e quer que ela saia logo do seu escritório. No entanto, em 1 Samuel, a Bíblia nos mostra que tomar decisões com base nas emoções é uma ilusão. Nesse capítulo, Samuel está avaliando os oito filhos de Jessé, procurando qual, segundo Deus, deve ser ungido como o futuro rei de Israel:

> Quando chegaram, Samuel viu Eliabe e pensou: "Com certeza é este que o Senhor quer ungir."
>
> O Senhor, contudo, disse a Samuel: "Não considere sua aparência nem sua altura, pois eu o rejeitei. O Senhor não vê como o homem: o homem vê a aparência, mas o Senhor vê o coração." (1 Samuel 16:6-7)

Depois de recusar os primeiros sete filhos de Jessé, Samuel descobriu e ungiu Davi, o mais jovem, que era tão insignificante que estava fora, cuidando das ovelhas.

O que Jesus viu em Natanael? O Livro de João conta uma história muitas vezes negligenciada a respeito dos critérios de Jesus para recrutar os outros:

No dia seguinte, Jesus resolveu partir para a Galileia e encontrou Filipe. Jesus lhe disse: "Segue-me." Filipe era de Betsaida, a cidade de André e de Pedro.

Filipe encontra Natanael e lhe diz: "Encontramos aquele de quem escreveram Moisés, na Lei, e os profetas: Jesus, o filho de José, de Nazaré. Perguntou-lhe Natanael: "De Nazaré pode sair algo de bom?" Filipe lhe disse: "Vem e vê." Jesus viu Natanael vindo até ele e disse a seu respeito: "Eis verdadeiramente um israelita em quem não há fraude." Natanael lhe disse: "De onde me conheces?" Respondeu-lhe Jesus: "Antes que Filipe te chamasse, eu te vi quando estavas sob a figueira." Então Natanael exclamou: "Rabi, tu és o filho de Deus, tu és o Rei de Israel." Jesus lhe respondeu: "Crês, só porque te disse: Eu te vi sob a figueira? Verás coisas maiores do que essas." (João 1:43-50)

Então, o que Jesus viu em Natanael? Primeiro, se Jesus podia vê-lo sob a figueira, também conhecia sem dúvida a observação que ele fizera a Filipe: "De Nazaré pode sair algo de bom?" Essas palavras indicam que Natanael era um cético honesto, um homem que pensava por si mesmo e que não seria uma ovelha irracional, que seguiria cegamente o rebanho. Segundo, quando Jesus o viu, detectou seu caráter, evidenciado nas palavras "Eis verdadeiramente um israelita em quem não há fraude." Jesus viu que Natanael era um homem honesto, de bom caráter. Terceiro, Jesus diz que viu Natanael sob uma figueira. Nos tempos bíblicos, os homens de prece comumente oravam sob as figueiras, por causa de sua sombra. Podemos presumir que Jesus deve ter visto Natanael orando sob essa árvore, e não cochilando. Qualquer líder que quer administrar sua empresa de acordo com a Bíblia deve valorizar estas três características nos profissionais que integram sua equipe: (a) um cético honesto que pensa por si mesmo, (b) um bom caráter e (c) uma pessoa que reza.

2. Defina a realidade na sua organização

Não adianta muito contratar ótimas pessoas e depois não conseguir criar realidade para elas dentro da sua organização. A realidade é composta por três fatores: visão, valores e expectativas de desempenho. Esses três componentes definem direção, limites e critérios para avaliar o desempenho, a tomada de decisão e a resolução de problemas. Também estabelecem uma referência para a prestação de contas. Como líder, há muitas coisas que você pode delegar, porém a realidade na sua organização não é uma delas. Espera-se que você enxergue mais coisas, mais à frente e mais cedo do que seus seguidores. Embora seja válido obter opiniões dos outros em relação a essas questões, cabe ao líder determinar a visão, os valores e as expectativas de desempenho.

Os três aspectos da realidade

1. **Visão. É ela que define a direção de maneira clara e mensurável.** Em seu livro, Neemias apresenta uma visão ousada e atraente para que a nação de Israel reconstruísse as muralhas de Jerusalém em 52 dias. O chamado para essa visão foi simples e direto:

   > Venham, vamos reconstruir os muros de Jerusalém, para que não fiquemos mais nesta situação humilhante. (Neemias 2:17)

   Qual é a visão para a sua organização? Ela é mensurável? Influencia os comportamentos e os desempenhos diários da sua equipe? Se não, ela é ineficaz. Esta é uma boa maneira de saber se sua visão é real: distribua 10 fichas para 10 funcionários diferentes e peça que escrevam a visão que têm da sua organização sem consultarem uns aos outros. Se todas as respostas forem idênticas quando você recolher as fichas, é porque a visão da empresa é clara e todos a conhecem. Se forem diferentes, é porque não há clareza na visão, e seus funcionários provavelmente estão trabalhando uns contra os outros, em vez de buscarem uma meta comum.

2. **Valores fundamentais. São os comportamentos em relação aos quais você decidiu que não está disposto a fazer concessões.** Muitas vezes os líderes estabelecem expectativas de desempenho para suas empresas – os números de desempenho quantificável que devem ser atingidos –, mas não conseguem estabelecer expectativas comportamentais claras. Infelizmente, isso pode dar aos funcionários a ideia de que seu comportamento não é relevante se eles atingirem as metas. Alguns líderes até dão o primeiro passo correto e estabelecem valores fundamentais, mas nunca os aplicam nem responsabilizam os outros se não fizerem o mesmo. Se não influenciam positivamente os comportamentos no dia a dia, os valores se tornam vazios.

   No Antigo e no Novo Testamento, os líderes estabeleceram expectativas comportamentais, repetiram-nas com frequência e responsabilizaram os outros por colocá-las em prática. Talvez a ocasião mais conhecida tenha sido quando Cristo fez o Sermão da Montanha e ofereceu o que se tornou conhecido como as Beatitudes. No quinto capítulo do livro de Mateus você pode ler a lista completa de expectativas comportamentais, muitas das quais abalaram o mundo daqueles que as ouviram. Depois de declarar os valores, Jesus fez algo ainda mais importante: deu vida a eles, vivenciando-os. É essencial seguir seu exemplo se você espera que os valores estabelecidos moldem a cultura da sua organização, em vez de se tornarem apenas uma experiência ilusória.

Dois exemplos de valores da Bíblia:

> Não procurem vingança nem guardem rancor contra alguém do seu povo, mas ame cada um o próximo como a si mesmo. (Levítico 19:18)

> Amem os seus inimigos e orem por aqueles que os perseguem. (Mateus 5:44)

3. **Expectativas de desempenho. São os resultados específicos – "os números" – que você definiu como não negociáveis.** Elas podem incluir medidas como um número de vendas, certo número de compromissos marcados, uma quantidade específica de apresentações, uma quantidade total de receita bruta em produtos e serviços e coisas desse tipo.

   Jesus tinha uma alta expectativa de desempenho de seus discípulos que servirá de padrão para medir algum dia seus seguidores. Suas últimas palavras registradas no Evangelho de Mateus foram:

   > Portanto, vão e façam discípulos de todas as nações, batizando-os em nome do Pai e do Filho e do Espírito Santo, ensinando-os a obedecer a tudo o que eu ordenei a vocês. E eu estarei sempre com vocês, até o fim dos tempos. (Mateus 28:19-20)

O valor dos valores e das expectativas de desempenho

Estabelecer valores fundamentais e expectativas de desempenho concretiza vários objetivos essenciais de liderança:

- Ajuda a definir a realidade em sua organização.
- Estabelece uma referência para a prestação de contas.

- Elimina indefinições e remove a desculpa da ignorância que as pessoas podem dar se o que você espera delas não é claro: "Eu não sabia o que você queria", "Você deveria ter sido mais claro" ou "Não posso ler sua mente. A culpa não é minha se isso não funcionou".
- Facilita a sua tomada de decisão. Afinal, se alguém não está alcançando as metas ou não está respeitando os valores, acaba sendo mais fácil corrigir a situação rapidamente ou demitir aquele funcionário. É sempre mais fácil tomar decisões se você definiu logo de início quais são seus valores e expectativas.

Um lapso mental ou um erro do coração?

"Se você mentir, trapacear ou roubar, eu o demitirei. Não haverá um segundo aviso." Essa é uma das expectativas de comportamento que deixo bem clara a todos os novos funcionários. Essas são atitudes que simplesmente não tolero.

Recentemente, tivemos de responsabilizar um funcionário que havia mentido sobre algo que fizera. Algumas pessoas podem perguntar por que não o perdoei e dei a ele uma segunda chance. Embora você possa ou não concordar com o caminho que seguimos para aplicar nossos valores, deve pensar na diferença entre um funcionário que comete um erro de raciocínio e outro que deliberadamente peca em seu coração. É preciso pensar nas consequências desses atos para você, seus clientes e outros integrantes da sua equipe.

Primeiro, uma mentira é mais do que um erro. Errar na digitação é um lapso; entregar documentos errados é um deslize; esquecer-se de ligar para alguém é um erro. Por outro lado, uma mentira é um ato deliberado e proposital de desonestidade. Não pode ser considerado um mero lapso mental. Na verdade, a mentira é sinal de que o funcionário tem problemas de caráter. Dois versículos específicos em Provérbios explicam por que as questões de coração devem ser levadas muito a sério:

> Acima de tudo, guarde o seu coração, pois dele depende toda a sua vida. (Provérbios 4:23)

> Ele lhe diz: "Coma e beba!", mas não fala com sinceridade. (Provérbios 23:7)

Nós perdoamos o funcionário que mentiu. Mas, mesmo assim, o desligamos da empresa. Perdão não significa isenção das consequências, e sim que você libera a amargura e o ressentimento em relação a alguém e não o culpa mais pelo que ele fez. Desejamos o melhor àquele jovem, mas não vou sujeitar meus clientes ou funcionários às suas futuras falhas de coração. Posso ajudar alguém com treinamento e orientação. Mas questões do coração eu não posso resolver. Aquele funcionário revelou ainda mais o seu caráter quando não pediu desculpas e não pareceu arrependido pelo que fez. Durante o confronto com seu supervisor, ele mentiu duas vezes em dois minutos apesar de ter sido avisado: "Vou fazer uma pergunta e preciso da verdade. Se você mentir para mim, será o seu fim aqui." Se ele tivesse dito a verdade, é bem provável que ainda estivesse empregado.

O funcionário demitido conhecia bem os valores e as expectativas de comportamento da empresa. Ele entendia o que esperavam dele, bem como as consequências de seus atos.

Quando seus funcionários violam as expectativas, é importante olhar a causa: o problema tem origem racional ou é uma questão de caráter? Essa avaliação o ajudará a decidir o caminho a ser seguido. O mais importante é perceber que, como líder do funcionário transgressor, você não pode remediar as questões de coração. Você pode advertir alguém, rezar por uma pessoa, direcioná-la para verdades espirituais a respeito de seu comportamento e muito mais. Porém, em última instância, ela deve se arrepender e buscar uma reconciliação com Deus. Esse fato limita tanto suas opções a respeito da situação atual quanto a influência que você tem no comportamento futuro do seu funcionário. É por esses motivos que temos tão pouca tolerância com aqueles que violam nossos valores e achamos mais fácil fazer escolhas difíceis a respeito das consequências de seus atos. Por termos agido como agimos, também é possível deduzir que todos em nossa organização acreditam que nossos valores fundamentais são reais.

Um dos benefícios mais significativos de ter expectativas comportamentais e de desempenho claras é que as pessoas erradas vão demitir a si mesmas. Isso ajuda a proteger você de um dos erros mais comuns: ficar com a pessoa errada tempo demais.

BÊNÇÃO Agora que vocês sabem estas coisas, felizes serão se as praticarem. (João 13:17)

3. Estabeleça uma cultura em que as pessoas se responsabilizam por seus atos

Como a ambiguidade é a inimiga da responsabilização, você só conseguirá estabelecer uma cultura em que as pessoas se responsabilizam por seus atos quando definir a realidade em primeiro lugar. Embora seja o primeiro componente de uma cultura com alto grau de responsabilização, a definição da realidade não é a palavra final. Você também precisa de feedback rápido e sincero sobre desempenho e as consequências pela incapacidade de ter um bom rendimento. O feedback rápido e sincero elimina as indefinições e dá a você a oportunidade de reforçar comportamentos produtivos e, ao mesmo tempo, confrontar os comportamentos contraproducentes. As consequências são o "senão" que precisa estar atrelado a comportamentos e resultados errados. Sem a consequência, é pouco provável que você consiga modificar um comportamento. Na verdade, a incapacidade de criar consequências para comportamentos prejudiciais reforça a atitude ruim, garantindo que ela será repetida no futuro.

Não tolere desculpas

Em um clima empresarial no qual há cada vez menos margem para erros, é importante que você não tolere desculpas esfarrapadas que as pessoas usam para explicar seus insucessos. Muitas vezes esses funcionários são capazes de gerar resultados quando condições econômicas favoráveis prevalecem, mas quando o impulso econômico é revertido, suas deficiências predominam e eles recorrem a desculpas para justificar o baixo desempenho.

Apresento a seguir quatro fatos sobre desculpas e o custo que elas têm para a sua organização. Por esses mesmos motivos, é importante que, como líder, você também evite criar desculpas e se concentre em soluções.

1. As desculpas atravancam o progresso. Se você está concentrado nos motivos pelos quais algo não foi feito ou não pode ser feito, deixa de se concentrar nas ações consistentes e corretas que trariam sucesso.
2. As desculpas o distraem, fazendo você se concentrar em problemas aparentes, e não em soluções, e desviam tempo, energia e recursos valiosos de atividades produtivas para uma forma de vida defensiva nos negócios.
3. As desculpas são o DNA dos medíocres. Elas o rotulam como fraco, como uma pessoa que se recusa a assumir responsabilidades, que culpa os outros, que é comum, sem destaque, medíocre.
4. Um dos melhores dias da sua vida é aquele em que você abre mão de dar desculpas. Isso marca o início do seu crescimento. Seus talentos, sua concentração e sua energia são liberados para serem investidos no que é produtivo. Também é o dia em que você dá a si mesmo permissão para fracassar, admitir suas falhas e aprender com suas ações, o que o tornará mais valioso no trabalho.

LIÇÃO BÍBLICA SOBRE LIDERANÇA

Importe-se o suficiente a ponto de confrontar

Como líder, você deve se importar o bastante com seus seguidores para confrontá-los quando eles estão errados ou adotando comportamentos destrutivos. Como expliquei no Capítulo 1, para fazer isso você não precisa gritar, nem ser ofensivo ou sarcástico. Precisa apenas ser firme, direto e claro.

Em Mateus 16:21, descobrimos Jesus revelando aos discípulos a notícia da sua morte iminente:

> Desde aquele momento Jesus começou a explicar aos seus discípulos que era necessário que ele fosse para Jerusalém e sofresse muitas coisas nas mãos dos líderes religiosos, dos chefes dos sacerdotes e dos mestres da lei, e fosse morto e ressuscitasse no terceiro dia.
>
> Então Pedro, chamando-o à parte, começou a repreendê-lo, dizendo: "Nunca, Senhor! Isso nunca te acontecerá!"
>
> Jesus virou-se e disse a Pedro: "Para trás de mim, Satanás! Você é uma pedra de tropeço para mim, e não pensa nas coisas de Deus, mas nas dos homens." (Mateus 16:21-23)

Jesus tinha de corrigir Pedro e fazer com que ele voltasse a pensar na missão do grupo, e não no que tinha dificuldade de compreender naquele momento. Ele apontou de forma clara e firme o raciocínio equivocado de Pedro e seu pensamento míope. Mas o que Cristo fez em seguida também é uma lição importante sobre responsabilização e deve sempre seguir a conversa de confrontação. Ele estabeleceu uma expectativa de desempenho.

> Então Jesus disse aos seus discípulos: "Se alguém quiser acompanhar-me, negue-se a si mesmo, tome a sua cruz e

siga-me. Pois quem quiser salvar a sua vida, a perderá, mas quem perder a sua vida por minha causa, a encontrará." (Mateus 16:24-25)

Depois de confrontar o comportamento ou o desempenho errôneo de um funcionário, você deve acompanhar de perto as atitudes dele. Explique mais uma vez ou redefina o que é esperado, bem como as recompensas que ele poderá ganhar se tiver sucesso ou as penalidades que poderá enfrentar se fracassar.

Ninguém poderia acusar Cristo de não ser claro quanto a suas expectativas. Jesus mostrava qual era sua posição, mesmo que você não quisesse ouvir. Mas ele confrontava com amor.

BÊNÇÃO Quando o viu deitado e soube que ele vivia naquele estado durante tanto tempo, Jesus lhe perguntou: "Você quer ser curado?" Disse o paralítico: "Senhor, não tenho ninguém que me ajude a entrar no tanque quando a água é agitada. Enquanto estou tentando entrar, outro chega antes de mim." Então Jesus lhe disse: "Levante-se! Pegue a sua maca e ande." (João 5:6-8)

Quando é hora de dizer "basta"?

Uma pergunta que surge muitas vezes em relação a advertências é: "Quantas oportunidades ou avisos devo dar a alguém?" É claro que a resposta depende do tipo de erro que a pessoa cometeu. Não acredito que quem pratica roubos deva ter várias oportunidades de saquear a organização antes de ser demitido. Mas, e quanto a outros comportamentos errados? Dois trechos das Escrituras falam a esse respeito:

> Quanto àquele que provoca divisões, advirta-o uma primeira e uma segunda vez. Depois disso, rejeite-o. (Tito 3:10)

> O Senhor irou-se contra Salomão por ter-se desviado do Senhor, o Deus de Israel, que lhe havia aparecido duas vezes. Embora ele tivesse proibido Salomão de seguir outros deuses, Salomão não lhe obedeceu. Então o Senhor lhe disse: "Já que essa é a sua atitude e você não obedeceu à minha aliança e aos meus decretos, os quais ordenei a você, certamente tirarei de você o reino e o darei a um dos seus servos." (1 Reis 11:9-11)

A Bíblia também instrui como um jovem deve repreender uma pessoa mais idosa, mais jovem ou da sua idade. "Não repreenda asperamente o homem idoso, mas exorte-o como se ele fosse seu pai; trate os jovens como a irmãos; as mulheres idosas, como a mães; e as moças, como a irmãs, com toda a pureza." (1 Timóteo 5:1-2)

BÊNÇÃO "Se o seu irmão pecar contra você, vá e, a sós com ele, mostre-lhe o erro. Se ele o ouvir, você ganhou seu irmão." (Mateus 18:15)

4. Desenvolva um círculo interno

Talvez a maior lição que tenha aprendido com a Bíblia em relação à formação de uma equipe seja que você deve passar, estrategicamente, mais tempo com uma quantidade menor de pessoas, orientando, compartilhando e projetando sua vida na vida delas. Esses poucos profissionais formam seu círculo interno. Todo líder eficaz precisa contar com um círculo interno que o ajude a realizar o trabalho no dia a dia. Ele deve ser formado pelos funcionários em quem você vê o maior potencial de crescimento. Normalmente, os líderes passam pouco tempo com esse grupo, pois já reconhecem seu valor, e investem muito tempo em pessoas com baixo rendimento, tentando fazê-las chegar a um nível aceitável. No entanto, se você conduzir os processos de contratação com calma e de maneira eficiente, definir padrões claros de desempenho e comportamento e responsabilizar as pessoas pelos resultados, você não deverá ter funcionários fracos que demandam continuamente o seu tempo, sua energia e seus recursos. Desse modo, você será capaz de se dedicar ao seu círcu-

LIÇÃO BÍBLICA SOBRE LIDERANÇA

A consequência deve ser adequada ao crime e ao tempo

A Bíblia apresenta inúmeros exemplos de consequências de comportamentos errados. Talvez um dos mais impressionantes esteja no Livro dos Atos, quando a nova Igreja está apenas começando e Ananias e sua mulher, Safira, decidem mentir e enganar os outros crédulos. Eles haviam acabado de vender terras e fizeram grande alarde sobre levar os lucros aos apóstolos para que fossem distribuídos aos pobres. Ninguém os forçou a vender a casa e, além disso, podiam guardar os proventos que quisessem. O problema foi a mentira que contaram aos apóstolos, ao Espírito Santo e aos outros crédulos a respeito da verdadeira quantia que receberam, a fim de dar a impressão de que estavam doando 100% dos lucros, quando, na verdade, conspiraram para ficar com parte do dinheiro. Criar falsas impressões e mentir para se promover contradizia os valores representados pela nova Igreja. Talvez a consequência drástica que Ananias e Safira sofreram sirva para nos lembrar de que há momentos em que as apostas são mais altas e há menos margem de erro, e, nessas horas, as consequências de um comportamento errado podem ser rápidas e severas. E foi o que aconteceu com eles. Como a nova Igreja estava no início, a credibilidade de seus valores e de sua missão estava em jogo. Portanto, naquela ocasião a consequência tinha de ser adequada não apenas ao crime, mas também ao momento da infração.

Atos 5:1-12 prepara o terreno. A Igreja concordara, no capítulo anterior, que os membros venderiam seus pertences e os distribuiriam de acordo com as necessidades de cada um. Os valores da nova igreja tinham acabado de ser estabelecidos e os seguidores certamente perceberiam se eram reais ou mera sugestão.

Um homem chamado Ananias, com Safira, sua mulher, também vendeu uma propriedade. Ele reteve parte do dinheiro para si, sabendo disso também sua mulher; e o restante levou e colocou aos pés dos apóstolos.

Então perguntou Pedro: "Ananias, como você permitiu que Satanás enchesse o seu coração, a ponto de mentir ao Espírito Santo e guardar para você uma parte do dinheiro que recebeu pela propriedade? Ela não pertencia a você? E, depois de vendida, o dinheiro não estava em seu poder? O que o levou a pensar em fazer tal coisa? Você não mentiu aos homens, mas sim a Deus."

Ouvindo isso, Ananias caiu morto. Grande temor apoderou-se de todos os que ouviram o que tinha acontecido. Então os moços vieram, envolveram seu corpo, levaram-no para fora e o sepultaram.

Cerca de três horas mais tarde, entrou sua mulher, sem saber o que havia acontecido. Pedro lhe perguntou: "Diga-me, foi esse o preço que vocês conseguiram pela propriedade?"

Respondeu ela: "Sim, foi esse mesmo."

Pedro lhe disse: "Por que vocês entraram em acordo para tentar o Espírito do Senhor? Veja! Estão à porta os pés dos que sepultaram seu marido, e eles a levarão também."

Naquele mesmo instante, ela caiu morta aos pés dele. Então os moços entraram e, encontrando-a morta, levaram-na e a sepultaram ao lado de seu marido. E grande temor apoderou-se de toda a Igreja e de todos os que ouviram falar desses acontecimentos.

Não há momento melhor para aplicar a visão, os valores e as expectativas de desempenho do que logo após sua definição. Toda vez que um novo programa, movimento ou iniciativa está começando, sua credibilidade e sustentabilidade estão indefinidas. A integridade de toda a empreitada depende da sua capacidade e disposição de agir de forma rápida e decisiva para proteger a legitimidade dos seus padrões, da equipe e da organização. E isso significa que o nível de conforto pessoal de qualquer indivíduo deve ser subordinado ao bem maior da equipe e da missão.

lo interno, treiná-lo e orientá-lo para ter um desempenho mais alto, estimulando o crescimento da organização.

Três passos para desenvolver seu círculo interno

1. **Identifique e invista mais nas pessoas com o maior potencial de crescimento.** Elas devem estar prontas, dispostas e ser capazes de crescer.

   Após identificar esses funcionários, elabore um programa de desenvolvimento que os ajude a progredir. Para isso, você precisa passar mais tempo com um número menor de pessoas nas quais vislumbra um potencial maior de crescimento.

   Jesus foi o exemplo supremo de como esse processo funciona. Ele cuidava de seus discípulos e os amava. Mas não passava a mesma quantidade de tempo com todos eles. A seguir, apresento alguns exemplos de como colocar essa orientação em prática.

   Não fazendo caso do que eles disseram, Jesus disse ao dirigente da sinagoga: "Não tenha medo; tão somente creia". E não deixou ninguém segui-lo, senão Pedro, Tiago e João, irmão de Tiago. (Marcos 5:36-37)

Aproximadamente oito dias depois de dizer essas coisas, Jesus tomou a Pedro, João e Tiago e subiu a um monte para orar. Enquanto orava, a aparência de seu rosto se transformou, e suas roupas ficaram alvas e resplandecentes como o brilho de um relâmpago. (Lucas 9:28-29)

Então foram para um lugar chamado Getsêmani, e Jesus disse aos seus discípulos: "Sentem-se aqui enquanto vou orar." Levou consigo Pedro, Tiago e João, e começou a ficar aflito e angustiado. E lhes disse: "A minha alma está profundamente triste, numa tristeza mortal. Fiquem aqui e vigiem." (Marcos 14:32-34)

Ora, Josué, filho de Num, estava cheio do Espírito de sabedoria, porque Moisés tinha imposto as suas mãos sobre ele. De modo que os israelitas lhe obedeceram e fizeram o que o Senhor tinha ordenado a Moisés. (Deuteronômio 34:9)

Josué era o protegido de Moisés e deu prosseguimento ao trabalho do seu mentor: liderou os israelitas até a terra prometida, derrotou os inimigos que estavam no seu caminho e viveu para ver o povo de Deus estabelecido na terra que fora prometida a eles séculos antes. Infelizmente, Josué não conseguiu seguir o exemplo de Moisés e não orientou ninguém para assumir seu lugar. Consequentemente, Israel permaneceu durante centenas de anos sob o poder de 12 juízes antes que uma monarquia fosse estabelecida.

Timóteo, guarde o que foi confiado a você. Evite as conversas inúteis e profanas e as ideias contraditórias do que é falsamente chamado conhecimento; professando-o, alguns desviaram-se da fé. (1 Timóteo 6:20-21)

Paulo foi um mentor incrível para Timóteo. De fato, o Livro 1 Timóteo é um manual de liderança que todos os líderes deveriam ler.

A Bíblia contém vários outros exemplos de orientação que valem a pena ser estudados. Ao lê-la, procure as lições de Abraão e Ló, Jetro e Moisés, Débora e Baraque, Naomi e Rute, Mordecai e Ester, Eli e Samuel, Davi e Salomão, Elias e Eliseu, Barnabé e João, Marcos e Paulo, e Tito, entre muitas outras.

2. **Abra mão do poder para sua carreira avançar.** Você nunca vai construir um círculo interno se continuar a trabalhar sozinho sem delegar tarefas a sua equipe. A medida da sua liderança não é quanto você consegue realizar, mas quanto consegue que seja feito por meio dos outros. Lembre-se de que a maior lição de liderança de todos os tempos talvez seja que você não pode fazer tudo sozinho.

   A seguir, apresento trechos das Escrituras bastante conhecidos que demonstram esse princípio:

   > Chamando seus doze discípulos, deu-lhes autoridade para expulsar espíritos imundos e curar todas as doenças e enfermidades. (Mateus 10:1)

O versículo seguinte dos Efésios nos lembra de que nossa tarefa é preparar os outros e lhes oferecer os recursos adequados para que trabalhem mais, e não tentar fazer tudo por nossa conta.

> E ele designou alguns para apóstolos, outros para profetas, outros para evangelistas, e outros para pastores

> e mestres, com o fim de preparar os santos para a obra do ministério, para que o corpo de Cristo seja edificado. (Efésios 4:11-12)

O trecho seguinte de Atos aponta para um momento crucial para a igreja em crescimento, quando os 12 discípulos perceberam que estavam fazendo coisas demais por conta própria e precisavam se concentrar mais nas prioridades. Por essa razão, decidiram dar poder a integrantes qualificados de seu grupo. Embora eu tenha apresentado este trecho no Capítulo 2 como exemplo de gerenciamento do tempo e de estabelecimento de prioridades, ele é igualmente relevante quando se trata de abrir mão do poder para avançar na carreira.

> Por isso os Doze reuniram todos os discípulos e disseram: "Não é certo negligenciarmos o ministério da palavra de Deus, a fim de servir às mesas. Irmãos, escolham entre vocês sete homens de bom testemunho, cheios do Espírito e de sabedoria. Passaremos a eles essa tarefa e nos dedicaremos à oração e ao ministério da palavra." (Atos 6:2-4)

3. **Responsabilize seu círculo interno pelos resultados.** Muitas vezes você pode se enganar a respeito de quem deve integrar seu círculo interno. Você vê potencial e talento em alguém e trabalha com afinco para que a pessoa tenha um rendimento excelente, mas nunca alcança os resultados pretendidos. Sem dúvida, potencial e talento, embora importantes, são duas das qualidades mais superestimadas no homem. A conclusão é que nem o talento nem o potencial tornam ninguém especial. Afinal, talento e potencial não realizados estão presentes em todas as organizações. O

que vale é quando alguém é capaz de converter potencial e talento em resultados. É por isso que é aceitável trabalhar com alguém que tenha potencial durante certo período, mas, em última instância, você deve medir o desempenho real dessa pessoa a fim de determinar o investimento futuro a ser feito nela. Como o trecho a seguir do Evangelho de Marcos nos lembra, se você recebeu muito, a retribuição que esperam de você também será grande.

> "Considerem atentamente o que vocês estão ouvindo", continuou ele. "Com a medida com que medirem, vocês serão medidos; e ainda mais acrescentarão para vocês. A quem tiver, mais lhe será dado; de quem não tiver, até o que tem lhe será tirado." (Marcos 4:24-25)

Os donos e executivos-chefes de empresas costumam aplicar o benefício da dúvida a líderes ruins com muita frequência. Em geral, esperam mais tempo para que um gerente improdutivo mostre resultados do que aguardam um subordinado menos eficiente. No entanto, isso é o oposto do que deveria acontecer. Gerentes ineficazes devem ganhar menos tempo e menos corda porque, quando acabam se enforcando, tendem a levar muitas outras pessoas junto.

A reação de Jesus em relação à figueira improdutiva deve nos lembrar de que também precisamos esperar frutos daqueles em quem confiamos. E, quando a árvore – a organização – não está produzindo frutos, ou está gerando um fruto ruim, não cortamos nem culpamos os galhos – os subordinados –, mas examinamos as raízes – os gerentes – e os responsabilizamos.

> De manhã cedo, quando voltava para a cidade, Jesus teve fome. Vendo uma figueira à beira do caminho,

> aproximou-se dela, mas nada encontrou, a não ser folhas. Então lhe disse: "Nunca mais dê frutos!" Imediatamente a árvore secou. (Mateus 21:18-19)

Resumo

Contratar sem pressa e de maneira estratégica, definir a realidade da sua organização, criar uma cultura com alto grau de responsabilização e desenvolver seu círculo interno são medidas às quais você deve dar atenção imediatamente para que a empresa avance. No entanto, nem todas têm a mesma importância, porque, se você não trabalha com as pessoas certas, de que adianta definir expectativas, tentar responsabilizá-las ou perder tempo orientando-as? Esses esforços não passariam de um mero exercício intelectual. Afinal, um grande sonho – sua visão – com a equipe errada é um pesadelo. Por outro lado, a visão com a estratégia certa, desenvolvida e executada por pessoas incompetentes é uma alucinação. Responsabilizar as pessoas por objetivos que elas são incapazes de atingir é frustrante, exaustivo e cruel. E tentar formar um círculo interno entre incompetentes e desajustados é ridículo. Portanto, escolher as pessoas certas é fundamental. Mas, para consegui-las, você precisa estar no caminho certo. Então voltamos ao ponto inicial do Capítulo 1: o aprendizado de lições de liderança da Bíblia para nos aprimorar e elevar nosso próprio caráter e nossa competência deve vir antes da tentativa de corrigir ou aprimorar as pessoas à nossa volta. Tenha em mente essa sequência ao embarcar na sua jornada rumo à excelência organizacional e a melhores resultados. A caminhada em direção ao crescimento sempre começará com você, e sua empresa vai parar de crescer quando você também parar.

Revelação

Não tenho como saber o que você aprendeu com este livro ou como ele irá beneficiá-lo. Só o tempo dirá. Espero que minhas palavras tenham caído em solo fértil e que não sejam levadas embora pelos pássaros deste mundo, que as devorariam, ou que se tornem ineficazes e superficiais por causa de um coração insensível, ou então que não criem um pico instantâneo de entusiasmo que logo é sufocado pela ansiedade de fazer as coisas a qualquer custo. Vale a pena repetir a parábola de Jesus sobre essas hipóteses:

> Jesus falou muitas coisas por parábolas, dizendo: "O semeador saiu a semear. Enquanto lançava a semente, parte dela caiu à beira do caminho, e as aves vieram e a comeram. Parte dela caiu em terreno pedregoso, onde não havia muita terra, e logo brotou, porque a terra não era profunda. Mas, quando saiu o sol, as plantas se queimaram e secaram, porque não tinham raiz. Outra parte caiu no meio dos espinhos, que cresceram e sufocaram as plantas. Outra ainda caiu em boa terra, deu boa colheita, a cem, sessenta e trinta por um. Aquele que tem ouvidos para ouvir, ouça!" (Mateus 13:3-9)

Espero que você seja um leitor assíduo, que não fica esperando que as coisas à sua volta mudem, mas que comece a transformá-las. A seguir, três trechos das Escrituras que irão ajudá-lo a se manter no bom caminho ao administrar sua empresa de acordo com a Bíblia:

1. "...Sejam imitadores de Deus... Porque outrora vocês eram trevas, mas agora são luz no Senhor. Vivam como filhos da luz." (Efésios 5:1,8)
2. "Seja a atitude de vocês a mesma de Cristo Jesus." (Filipenses 2:5)
3. "Por isso é preciso que prestemos maior atenção ao que temos ouvido, para que jamais nos desviemos." (Hebreus 2:1)

Exercício prático

1. O que você pode fazer para começar a contratar com mais calma e de maneira estratégica? Seja específico e liste pelo menos dois passos.

   ____

   ____

   ____

   ____

2. Que aspecto da realidade é mais forte/mais fraco na sua organização? O que você pode fazer para melhorar cada área?
   A. Visão:
   B. Valores fundamentais:
   C. Expectativas de desempenho:
3. Qual é o primeiro passo que você pode dar para criar uma cultura com um grau mais alto de responsabilização na sua empresa? Seja específico:

   ____

4. Quem constitui seu círculo interno? Quem tem potencial para se tornar parte do seu círculo interno? Como você pode levar essa(s) pessoa(s) para um nível de desempenho mais elevado?

   ____

Guia de referência rápida às Escrituras

1. Você pode ensinar alguém a ter talento? Tiago 1:17
2. Se você é mais jovem do que um dos seus funcionários, como deve se dirigir a ele para repreendê-lo? 1 Timóteo 5:1
3. Qual é o melhor conselho que você pode dar a um líder jovem? 1 Timóteo 4:12
4. Qual é a importância de fazer com que as pessoas parem rapidamente de espalhar fofocas? 2 Timóteo 2:16; Provérbios 26:20
5. Qual é a importância de se associar a colegas certos no trabalho? Provérbios 12:20, 13:26; 1 Coríntios 15:33
6. O que está no âmago da maioria das dificuldades organizacionais? Provérbios 13:10
7. Qual é a chave para o sucesso num cargo de chefia? Provérbios 22:4
8. Devo me associar a alguém que não compartilha dos meus valores? 2 Crônicas 20:37
9. Como os líderes podem atrair seguidores melhores? Mateus 7:17
10. É verdade que se deve cobrar dos líderes um nível mais elevado do que dos seguidores? Tiago 3:1
11. Por quantas vezes, no máximo, devo permitir que alguém viole meus valores antes de desligá-lo da empresa? Tito 3:10; Provérbios 22:10
12. Qual deve ser a consequência para alguém da equipe que não faz sua parte? 2 Tessalonicenses 3:10
13. Quais são as dicas para me comunicar de maneira eficaz com as pessoas? Provérbios 18:13, 29:20; Tiago 1:17; Mateus 12:36-37
14. Como devo aceitar feedback sobre o meu desempenho? Provérbios 12:1, 13:18; Hebreus 11:13

15. Como devo responder às perguntas de um tolo? Provérbios 26:4, 23:9
16. Qual é a melhor maneira de abrandar uma acusação dura contra mim? Provérbios 15:1
17. Como devo me sentir em relação a concorrentes/colegas que progridem agindo desonestamente nos negócios? Provérbios 13:11, 24:19-20; Isaías 5:20
18. Devo esperar o momento "perfeito" para agir ou tomar uma decisão? Eclesiastes 11:4
19. Devo distribuir remuneração, bônus e outras regalias igualmente pelos integrantes da equipe para ser justo? Mateus 25:12-28
20. Qual é a importância do reforço positivo e com que velocidade devo aplicá-lo? Provérbios 3:27; Hebreus 12:11
21. Qual é a importância de "escolher minhas batalhas"? 2 Timóteo 2:23
22. Ganhar dinheiro deve ser meu principal motivador nos negócios? Eclesiastes 5:10
23. Devo ter um estilo de liderança reservado ou devo revelar minhas emoções? Provérbios 14:29, 16:32, 19:11, 25:28
24. Como devo reagir quando meu concorrente fracassa? Provérbios 24:17-18
25. Existem no trabalho tarefas simplórias demais? Provérbios 14:23
26. Há algum problema em dedicar mais do meu tempo a pessoas com mais potencial, ou devo passar a maior parte do meu tempo com quem tem mais dificuldades? Mateus 17:28; Marcos 14:33; Lucas 8:51
27. Se os valores no meu local de trabalho contradizem minhas crenças bíblicas, o que devo fazer? 1 Coríntios 2:5; Atos 4:19; Efésios 5:11
28. Qual é a melhor maneira de chegar ao topo da minha organização? Marcos 9:35, 10:43-44
29. É aceitável ficar com raiva em público no trabalho para apresentar um argumento? Efésios 4:26-27
30. É possível que meu chefe/colega não me aceite ou não me entenda porque ele não é cristão ou não acredita na Bíblia? 1 Coríntios 2:13
31. Como devo reagir a alguém que me prejudica no trabalho? Romanos 12:17, 12:19-21; 1 Tessalonicenses 5:15
32. Eu costumava andar com funcionários malvistos, mas agora me dessassociei deles; então, o que pode acontecer de bom e de ruim? Isaías 59:15; 1 Pedro 4:4; Marcos 4:21-22

33. Que boa disciplina diária devo adotar para me preparar para o dia ou que me ajude a realizar minhas atividades durante o dia? Marcos 1:35; 1 Tessalonicenses 5:14-22
34. No atual mundo dos negócios, é aceitável se autopromover para ser notado por pessoas em cargos elevados? Provérbios 25:6-7, 27-2; Mateus 23:12
35. É natural ficar ansioso com o andamento dos negócios e apreensivo para alcançar metas? Lucas 12:29-31; Filipenses 4:6-7; Isaías 26:3
36. Não gosto do meu chefe/meu trabalho/minha empresa, etc. Como devo lidar com isso? Colossenses 3:23-24
37. Como devo lidar com pessoas que querem prejudicar minha carreira ou minha reputação? Provérbios 3:25-26, 21:7
38. Não me sinto qualificado para tomar algumas decisões nos problemas que enfrento. O que fazer? Tiago 1:5-6
39. Devo depender dos outros ou me tornar mais dependente de mim mesmo? Eclesiastes 4:9-12
40. Como posso esperar a reação das pessoas ao treinamento? Mateus 13:3-9
41. Se eu sei o que devo fazer, mas não faço, isso é tão grave quanto fazer algo ruim deliberadamente? Tiago 4:17; Mateus 25:42
42. É verdade que nos negócios eu nunca devo me dar por satisfeito? Hebreus 13:5

Agradecimentos

Sou imensamente grato a minha esposa, Rhonda, por seu inabalável apoio enquanto eu escrevia este livro.

Obrigado a Bill Gothard e sua equipe no Institute for Basic Life Principles. Sou grato também a Larry Richards, cuja sabedoria tornou a leitura da Bíblia divertida e audaciosa.

A Matt Holt e Dan Ambrosio, na Wiley: o incentivo de vocês ao conceito deste livro foi incrível. Este é o oitavo livro que publicamos juntos, e vocês são os melhores.

Aos meus milhares de clientes na LearnToLead, obrigado pelo apoio, pela amizade e pelo feedback ao longo de todos estes anos. Vocês são uma dádiva para mim.

John Maxwell, você me influenciou muito mais do que pode imaginar. Obrigado por seu coração, sua competência e pela Equip. Alguns dos momentos mais significativos da minha vida aconteceram quando eu estava dando aulas em seu curso para líderes sedentos de conhecimento na Rússia, na Armênia e no Irã.

Aos meus irmãos e irmãs cristãos que tive o prazer de ter como alunos e amigos nesses países, agradeço as preces por este livro, por mim e por minha família. Logo estarei com vocês novamente.

Senhor, eu Lhe agradeci muitas vezes pela oportunidade de contar ao mundo mais sobre o Senhor e sobre o Seu livro nesta obra, mas quero tornar esse agradecimento oficial! Entre tantas pessoas, não sei por que me escolheu para fazer isto, mas fico feliz e grato. Rezo sinceramente para não tê-Lo decepcionado.

CONHEÇA OS CLÁSSICOS DA EDITORA SEXTANTE

1.000 lugares para conhecer antes de morrer, de Patricia Schultz

A História – A Bíblia contada como uma só história do começo ao fim, de The Zondervan Corporation

A última grande lição, de Mitch Albom

Conversando com os espíritos e *Espíritos entre nós*, de James Van Praagh

Desvendando os segredos da linguagem corporal e *Por que os homens fazem sexo e as mulheres fazem amor?*, de Allan e Barbara Pease

Enquanto o amor não vem, de Iyanla Vanzant

Faça o que tem de ser feito, de Bob Nelson

Fora de série – Outliers, de Malcolm Gladwell

Jesus, o maior psicólogo que já existiu, de Mark W. Baker

Mantenha o seu cérebro vivo, de Laurence Katz e Manning Rubin

Mil dias em Veneza, de Marlena de Blasi

Muitas vidas, muitos mestres, de Brian Weiss

Não tenha medo de ser chefe, de Bruce Tulgan

Nunca desista de seus sonhos e *Pais brilhantes, professores fascinantes*, de Augusto Cury

O monge e o executivo, de James C. Hunter

O Poder do Agora, de Eckhart Tolle

O que toda mulher inteligente deve saber, de Steven Carter e Julia Sokol

Os segredos da mente milionária, de T. Harv Ecker

Por que os homens amam as mulheres poderosas?, de Sherry Argov

Salomão, o homem mais rico que já existiu, de Steven K. Scott

Transformando suor em ouro, de Bernardinho

Informações sobre os próximos lançamentos

Para saber mais sobre os títulos e autores
da EDITORA SEXTANTE,
visite o site www.sextante.com.br
ou siga @sextante no Twitter.
Além de informações sobre os próximos lançamentos,
você terá acesso a conteúdos exclusivos e poderá
participar de promoções e sorteios.

Se quiser receber informações por e-mail,
basta cadastrar-se diretamente no nosso site.

Para enviar seus comentários sobre este livro,
escreva para atendimento@esextante.com.br
ou mande uma mensagem para @sextante no Twitter.

EDITORA SEXTANTE
Rua Voluntários da Pátria, 45 / 1.404 – Botafogo
Rio de Janeiro – RJ – 22270-000 – Brasil
Telefone: (21) 2538-4100 – Fax: (21) 2286-9244
E-mail: atendimento@esextante.com.br